大学生创新创业教育与实践研究

李 继 著

北京工业大学出版社

图书在版编目（CIP）数据

大学生创新创业教育与实践研究 / 李继著．— 北京：北京工业大学出版社，2022.1
　　ISBN 978-7-5639-8269-1

Ⅰ．①大… Ⅱ．①李… Ⅲ．①大学生－创业－研究 Ⅳ．① G647.38

中国版本图书馆CIP数据核字（2022）第 026967 号

大学生创新创业教育与实践研究
DAXUESHENG CHUANGXIN CHUANGYE JIAOYU YU SHIJIAN YANJIU

著　　者：	李　继
责任编辑：	刘　蕊
封面设计：	知更壹点
出版发行：	北京工业大学出版社
	（北京市朝阳区平乐园 100 号　邮编：100124）
	010-67391722（传真）　bgdcbs@sina.com
经销单位：	全国各地新华书店
承印单位：	三河市腾飞印务有限公司
开　　本：	710 毫米 ×1000 毫米　1/16
印　　张：	11
字　　数：	220 千字
版　　次：	2023 年 4 月第 1 版
印　　次：	2023 年 4 月第 1 次印刷
标准书号：	ISBN 978-7-5639-8269-1
定　　价：	68.00 元

版权所有　　翻印必究

（如发现印装质量问题，请寄本社发行部调换 010-67391106）

作者简介

李继,沈阳师范大学理学硕士,副研究员,大学生创新创业指导教师,研究方向:高校行政管理。近年发表论文10余篇,专著2部,发明专利1项。

前　言

随着近年来中国经济由高速增长转变为稳定发展以及国外经济发展不确定性因素的增加，人口红利的优势不复存在，从而导致国内劳动力人口结构发生转变，大学毕业生面临的就业压力逐渐增大。大学毕业生以创业的方式应对就业难的问题逐渐变成一种新的趋势，"大学生创业"所面临的一系列问题需要获得更多关注。大学毕业生人数每年都在激增，这就增加了大学生就业的压力，为此创新创业就成了缓解大学生就业压力的有效途径之一。各地教育部门需要和人力资源和社会保障等相关部门紧密配合、加强联系，各地高校需要建立健全与各个部门相配合的工作机制，共同努力做好毕业生就业创业工作。

本书第一章为大学生创新创业教育概述，分别阐述了大学生创新创业的含义、大学生创新创业教育理论以及大学生创新创业教育现状；第二章主要论述了大学生创新创业的背景，并分别从时代背景和环境解读两方面展开分析；第三章对大学生创新创业的能力培养进行了研究与分析，并从大学生创新创业意识培养、大学生创新思维能力提升、大学生创业决策能力提升等方面展开论述；第四章对大学生创新创业的准备工作进行分析，分别从团队建设、模式选择、项目筛选以及项目计划四个方面分析讨论；第五章主要讲述了大学生企业运营与管理创新，分别从企业运营与制度体系、员工培训与管理、市场营销及产品设计创新、创业融资四个方面展开分析。

在撰写本书的过程中，作者得到了许多专家学者的帮助和指导，参考了大量的学术文献，在此向相关作者表示真诚的感谢。本书内容系统全面，论述条理清晰、深入浅出，但由于作者水平有限，书中难免会有不足之处，希望广大同行和读者予以指正。

目 录

第一章 大学生创新创业教育概述 ··· 1
 第一节 大学生创新创业的含义 ··· 1
 第二节 大学生创新创业教育理论 ·· 19
 第三节 大学生创新创业教育现状 ·· 26

第二章 大学生创新创业的背景 ·· 30
 第一节 大学生创新创业的时代背景 ·· 30
 第二节 大学生创新创业的环境解读 ·· 37

第三章 大学生创新创业的能力培养 ·· 50
 第一节 大学生创新创业意识培养 ·· 50
 第二节 大学生创新思维能力提升 ·· 53
 第三节 大学生创业决策能力提升 ·· 56

第四章 大学生创新创业的准备工作 ·· 59
 第一节 准备工作之团队建设 ·· 59
 第二节 准备工作之模式选择 ·· 92
 第三节 准备工作之项目筛选 ··· 111
 第四节 准备工作之项目计划 ··· 127

第五章 大学生企业运营与管理创新 ·················· 141
第一节 企业运营与制度体系 ·························· 141
第二节 员工培训与管理 ································ 144
第三节 市场营销及产品设计创新 ···················· 150
第四节 创业融资 ······································ 158

参考文献 ·· 165

第一章　大学生创新创业教育概述

在知识经济时代,知识创业已经成为新的创业模式,因此,高校有必要顺应知识经济社会发展的需要,对在校大学生开展创业教育,鼓励和扶持大学生开展创新创业,着力培养大学生的创业意识、创新精神、创业能力和创业素质。具体来说,创新创业教育是指结合专业教育来传授创业知识,培养大学生的创业能力和创新品质,使大学生毕业后能够顺利步入社会,实现自主创业和自我发展的教育。同时,创新创业教育作为一种教育理念,应贯穿于高等学校的专业教学和课外活动之中,并以激发大学生的创业意识和创新思维为宗旨,让更多的大学生理解创业的含义,并具备一定的创业能力。

第一节　大学生创新创业的含义

大学生创新创业教育中最关键的是要培养学生的创新能力和创业精神。在对其进行培养之前,教师要先对人才的需求和素养进行系统的认知,并且对创业的理论有深入的了解,还要知道哪些是有利于学生成长的培训重点,然后,在这些基础上开设具有针对性的创新创业相关知识的培训。

一、创新的概念界定

"创新"来自拉丁语的语境,具有创新、创新的物质、改变这三层意思。"创新"刚开始是运用在经济学中的术语,是由美籍奥地利经济学家约瑟夫·熊彼特在其《经济发展理论》一书中首次提出的。

按照新的思维、新的方向进行的新发明或者对事物的新描述统称为创新,这是一种概念化的进程,从外文文献中没办法找到"创新人才"或"创造型人才"这种概念的解释,但是英文的"creative mind""creative thinking""creative man"等概念具有相似含义。

创新人才包括以下 8 个主要特点。

①有明显的个性和辨识度，并且具有独立性格；

②求知的欲望很强烈；

③有很大的好奇心，对很多事物都要钻研和探索到底；

④有很强的观察能力和广泛的知识面；

⑤在具体事务的执行中注重理性要求，能够做到严格性和准确性；

⑥想象能力丰富并且具有抽象思维能力，具有敏感性，对智力方面的知识很有兴趣，热爱游戏；

⑦具有幽默感，具有文艺气质；

⑧有坚定的意志，能够经受住各种考验和诱惑，具有很强的专注力。

创新能力是指突破现存的思维模式，按照异于常人的方式处理问题的一种能力。其出发点是要为社会需求做贡献或者追求自身理想，对现存的事物进行改造。

人类是独具创新特质的物种。由于具有这种特殊的认知和实践能力，人类表现出高级的主观能动性，创新成为帮助社会发展和实现民主的重要动力。民族的进步和时代的发展，都需要创新思维的支持，创新更是无止境的。

二、创新的意义

创新是指以现有的思维模式提出有别于常规或常人思路的见解为导向，利用现有的知识和物质，在特定的环境中，本着理想化需要或为满足社会需求，而改进或创造新的事物、方法、元素、路径、环境，并能获得一定有益效果的行为。

创新是以新思维、新发明和新描述为特征的一种概念化过程。所谓新，就是想到别人没想到过的，说出别人没有说过的，做好别人没有做好过的。从这个角度看，创新并不稀奇，比如原创工艺和产品是创新，理论和学习方法也是创新，实际应用、产品和新的方法、手段更是创新。著名教育学家陶行知就提出过："人人是创新之人，天天是创造之时，处处是创造之地。"因此，没有创新的企业是缺乏竞争力的，没有创新能力直接会影响企业品牌价值的提升。

（一）创新能力决定企业的发展

在 21 世纪中国发展的进程中，知识创新工程的实践将会形成中国科技发展的一种新格局，知识创新工程将会留下浓重的印记。创新应该是发现一种新思维，提出一种新理论、一种新方法，发明一种新技术或者制作出一种新产品。创新是持续发展的根基，没有创新的能力极大可能会错失知识经济中的良机。知识创新与技术创新的能力是决定国家与国家之间、企业与企业之间、人与人之间竞争地位的一大重要因素。创新能力的高低也是评价人才素质的一个重要标准，关系到民族、企业和个人的前途和命运。

约瑟夫·熊彼特（见图1-1-1）是一位有深远影响的美籍奥地利政治经济学家，也是近代创新理论的开山鼻祖。他认为："经济的发展总是以破坏旧经济运行程序的形式表现出来的，而市场经济的原动力则是企业的创新。创造新的价值是创新最基本的特点之一，因此对于一个企业来讲创新就是寻找生机和出路的必要条件。"从某方面来说，如果一个企业不力求改革与创新，不力求发展与前进，这个企业的生命力就会逐渐被不断翻卷变化的时代大潮削弱，最终彻底丧失生机。勇于并乐于突破企业自身存在的局限性，改革不符合时代发展的旧体制和旧办法，是创新的根本意义。

图1-1-1 约瑟夫·熊彼特

在现已存在的条件下，为了创造出更多的适应市场发展需要的新体制与新举措，在竞争激烈的市场中赢得一席之地，企业必须要用创新来推动自身转型。在市场的充分竞争之中，企业既需要维持现有的增长模式，又要延缓增长率下滑的趋势，更要考虑从现有模式向新增长模式的转变，这时企业的战略转型就是一种必然的选择。而当传统业务对支持未来的发展受到限制的时候，创新则成为企业持续发展、战略转型，甚至生存下去的唯一选择。所以，追求稳健是发展的基础，追求创新则是核心与支撑力量。因而谈到企业创新，我们应当从如下几个方面来了解创新对企业的重要性。

第一，理念创新可作为企业各项创新的基础，是企业积极向上的动力，可以促使企业有更宽广的眼界，面向全球以及着眼于同行。无论是企业的生产理念、管理理念，还是经营理念等各个方面，只要有创新就会促进发展新思路、出现新突破以及推出新举措。

第二，管理创新可以促使企业在运用资源的过程中更有效地实现目标，促进更多新的管理思想、方法、手段以及管理方式被运用。提高价值是管理创新的目标，因而管理创新应该是以企业核心竞争力的提高、核心能力的培育和增强为中心，通过行之有效的创新管理的机制、方法以及工具，争取做到事事、时时、人人、处处都可以创新的全面发展的过程。管理上的创新可以促进企业经济效益的提高，从而降低交易的成本，开拓市场，形成企业独特的品牌优势地位。

第三，文化创新可以促进企业的发展，提高企业与所处环境的匹配度。企业文化创新的根本在于，建设企业文化过程中，需要打破与企业经营管理实际不相符的、僵化的文化理念和观点对企业形成的约束。随着国内外市场竞争的日益激烈，非常多的企业不仅是在思想上意识到了创新是提高企业竞争力的关键，以及创新对企业文化建设的重要性，而且还将创新逐步地深入贯彻到企业文化建设的各个层面当中，并将文化创新落实到企业经营管理的实践之中。企业文化创新也能带动企业员工价值理念的创新，而员工价值理念的创新会进一步推进企业制度以及经营战略的创新。因此，文化创新的意义是不可低估的。

第四，技术创新是企业创新活动的核心内容，它是组织实施和过程管理的必要支撑与保障，因此企业必须认识到技术创新的重要性。世界上很多跨国企业每年都投入高额的研发费用用于技术创新，以保证在国际市场中处于领先位置。近些年来，我国的华为、联想、海尔等很多公司也都加大了科技研发的投入。而相当多的中小企业也都非常看重技术上的创新，以期在市场竞争中获得较高效益。

（二）创新对高校人才培养的意义

创新是一个民族进步的灵魂，是国家兴旺发达的不竭动力。如果不能创新，不去创新，一个民族就难以发展起来，难以屹立于世界先进民族之林。21世纪的社会，应当将建立人力资源强国、培养具有创新能力的人才作为一种崇高的历史使命。在当前的高等教育系统中培养创新人才，必须在高等教育培养目标中加入创新教育。在高等教育系统里进行创新教育的过程中，应明确创新精神、创新能力的基本内涵。大学的创新教育，其本质也是为了培养出具有创新能力的高级专门人才，全方位地增强国人的创新精神与创新能力，从而完成中华民族伟大复兴的任务。这也是每一所高校所要面临的新任务，完成这一重要任务也可以使中国的高校实现自身的科学发展。

在大学本科教育中开展创新教育主要有以下三个目标。

一是为了满足国家建设、民族复兴的迫切需要，培养出大批的创新型人才，从而使国家的竞争力和可持续发展的能力得以提高。

二是满足人性的需要以及国民性改造的需求，激发每个学生潜在的创新能力，普遍增强每个学生的创新意识，创造有利于创新人格生成与发展的文化环境。

三是要把大学建设成一个提倡创新、热爱创新、激励创新、帮助创新、开展创新的全新的创新教育体系。

这三个目标呈现出由上至下的具体可操作性，而由下至上每一级的目标又都是上一级目标实现的基础，创新教育系统由此成为学生创新能力得到提高的基石。只有普遍提高学生的创新品质和创新人格，才可能培养出大批的创新人才。与此同时，这三个目标形成了一个相互支撑与作用的目标系统。

综合国内外各大学实施创新教育的经验，我国大学开展创新教育的难点，可以归纳为以下几个方面：一是如何建立激励、保护和支持创新教育的领导和管理机制，进而实施创新教育；二是怎样设计和组织以帮助学生形成创新精神和创新能力为目标的课程；三是怎样改善传统的以教师讲授为主的接受式教学的单一模式，创建一种丰富多彩的创新性教学模式；四是怎样创建和孵化出高水平的科研体系；五是怎样培养出创新型教师队伍（没有创新观念和实施水平的教师，就很难培养出高创新水平的学生）；六是如何解决学生创新成就的评价问题；七是经费问题，创新教育需要多类型、多场次地组织开展教学活动，并需要展开更为深入的、涉及面更加广泛的教育教学改革，需要做更细致和具体的教学工作，这些都需要更大经费的投入，然而目前很多大学普遍存在经费紧张的状况，这是不可忽略的问题；八是如何坚持做到长期持久地开展创新教育。

三、创业的概念界定

"创业"是一个具有多重内涵的术语，起源于"entrepreneur"一词，本意是指创业家或者企业人。从多种角度对"创业"进行研究和探索，会发现其具有自身的特性、类型、过程和范围等。创业包括创造和创新两个步骤。创业是要对思维进行开拓创新，对旧的事物进行改变，因此创业对于生活和生产以及国家、地区的发展等具有重要的积极意义。但是，创业也有一定的风险，创业者需要具备承担这种风险的勇气和毅力。

创业获得成功，自然能够享受创业带来的诸多收获和福利，因此努力的创业者最终都会获得相应的回报，并且这种回报还是很丰厚的。总体而言，创业是充满艰辛的路程，随时都会出现各种不可预测的风险和困难，创业者需要具备面对诸多困难的勇气。

如果从创业的内涵上来分析，创业具有广义的概念和狭义的概念两种类型。前者主要是指人类通过创新的思维开展具有积极影响的相关社会活动，后者则是指创业者针对自身的资源和现状，采取创新的方式对其进行优化和重新配置，并产生更大的回报和收益的过程。

现如今创业越来越热，很多人渴望一展拳脚去实现自己的梦想。然而，众所周知，创业的失败率是很高的，如果说2%的创业者成功了，那么剩下的98%怎么办？经考察，他们中很多人都进入其他项目作为核心成员继续打拼。为什么经历过创业的他们如此抢手？与没有创业经历的打工者相比他们多了些什么？

一是有责任感。创业后想的是如何求生存、谋发展；再棘手的问题也得硬着头皮解决；手机一天二十四小时开机，生怕错过什么机遇。

二是懂得感恩。创业后经常要求人，若有贵人可以帮自己，便怀着莫大的感激；遇到困境无助时，才知道家人的支持、恋人的陪伴、朋友的理解能给人多少温暖和鼓励。

三是更加真实地看待自己。创业后，事无巨细都得考虑周到，很多还需要亲自去处理，这就必须面对自己各方面能力的不足，包括执行力、竞争力、凝聚力等。

四是改变思考问题的方式。创业后想的是自己的努力和策略可以创造多少价值。

四、创业的内涵

创业是由18世纪著名的经济学家、作家查理德·康替龙提出的概念。创业者指的是在寻求机遇的过程中，扮演积极承担风险角色的人。创业是人类社会生活中一种最能体现人的主体性的社会实践活动。

广义的创业是一种思考、推理以及行为的方法，其本质是把握机会，创造性地进行资源的整合和快速行动。创业行为存在于各种组织与各种经营活动当中。从涵盖的范围来看，创业是指社会生活各个领域的人们，为了开创新的事业，所需要从事的一种社会实践活动，突出强调的是一种特定的精神观念、能力和行为方式，这是主体在能动性的社会实践中所体现出来的。

狭义的创业属于经济学的范畴，主要指人类主体以创造利润、价值与就业机会为目的，通过组建商业企业的形式，为社会提供产品的经济服务活动。

简而言之，"创业"就是开创基业、事业。合肥工业大学任小明老师认为，创业是指一无所有的创业者，就某项具有市场前景的新技术、新设计或想法，向风险投资家求助并取得风险投资，把观念转化为商品的商业性行为。辽宁师范大学张桂春、张琳琳两位老师对国内的创业看法归纳如下：一是指工作人员在事业或职业发展过程中的某一阶段；二是指社会人员开创的一种前所未有的工作、事业领域，或者在其事业和职业生涯中做出前所未有的工作业绩；三是指"非工资就业"，就是依靠个人的劳动、创作、服务、经营来获得职业收入。

同时，学者们也根据各自对创业概念的理解对创业教育提出了不同的解释。上海市教育科学研究院房欲飞指出，创业教育是根据高校现有的正在进行中的关于课程体系、教学内容、教学方法的改革，连同第二课堂活动的展开，不断深化和强化大学生的创业意识、创业观念以及创业能力，并将其深化为大学生自身的素质，使他们在时机适当的社会条件下发展成为创业人才。而镇江市教科所的毛建国认为，从功能方面来看，创业教育能使新增劳动力转型，从单一型人才转向复合型人才、从操作型技能转向智能型技能、从传承型转向创新型、从从业型转向创业型。他还将创业教育定义为：优化组合现有教育资源，实施新的教育观念，把教育学、人才学、管理学、创造学、社会学、经济学、心理学等相关学科理论进行有机整合，通过学校、企业、家庭、社会等各种教育途径，帮助并鼓励学生建立创业志向、修养创业品格、形成创新观念和提高创业能力的教育。

五、创业活动概述

现实中的很多大学生会面临创业还是就业的选择。创业和就业都是个人主体通过努力而取得事业发展、生活保障的活动过程，但两者之间存在诸多差异，认识创业与就业活动的主要区别，有助于学生主体做出更适合自己的选择。

（一）创业活动的优势和挑战

现实生活中，有许多人怀揣着这样或那样的希望和梦想，放弃或抛去就业岗位而投身到充满风险与挑战的创业活动中。到底是什么魔力吸引着人们义无反顾地走向创业之路呢？

1.创业活动的主要优势

（1）自由独立、自我实现

在研发新产品、构建新企业等创新活动中充分发挥自己的想象力、创造力，创业过程中用自己的智慧与汗水为实现自己的理想和价值而打拼，同时为社会经济增添一份活力、贡献一份责任。

（2）处于领导地位，而不是跟随地位

创业者是创业团队的中心，在创业的初期，跑市场、做规划、看报表、设计产品、监控质量等生意的方方面面都需要创业者来考虑和决策。相比于工薪就业，不用看上司和老板的脸色、委曲求全行事，能够掌握主动权。

（3）有获得无限收益的潜力

相对于工薪就业固定有限的收入，成功的创业活动可以给我们带来源源不断的财富，同时为社会提供就业机会和创造价值。

然而，创业的道路又一定是充满曲折、艰险和挫折的，要走上创业之路，还必须要做好充分的准备。

2.创业活动面临的主要挑战

（1）必须承担风险

相对于工薪就业的安逸和稳定，创业活动充满了不确定性因素和风险：市场的变幻简直就是日不可测、日不可知；收益不稳定，甚至没有保障；难以找到信任的下属，经营结果往往依赖于雇员的行为……而一旦创业失败，不仅有可能血本无归，甚至还有可能倾家荡产。

（2）需要负起责任和付出更多

在创业的征途中需要创业者时刻学习独立解决新问题；要搞好与客户和社会方方面面的关系才能生存；要付出较长且不定时的工作时间及大量的精力去细心经营；遇到风险和困难没有退路，必须要勇敢面对并积极解决；创业者对重要机遇和远大目标的追求要求他们比在成熟的企业和政府机关里工作承担更多的责任。

（3）总是面临财务问题

较之工薪就业，创业活动没有稳定收入和额外福利，创业者必须要真实地面对自己的实力和财务状况，时刻保证企业处于良好的资产运营状况以求得生存和发展。

3. 创业与就业

有学者从"人生价值""困难程度""风险承受"和"机会源地"角度对创业与就业特质进行识别，如表 1-1-1 所示。

表 1-1-1　创业与就业特质识别

类别	事前判断	创业取向	就业取向	比较结果	评估收获
人生价值	学而优则仕	学以致用，自由洒脱，发掘潜力，创造价值，实现自我	工作稳定，收入不错，职称晋职，职务提升，春风得意，左右逢源	创业是实现个人价值的较优途径	实现人生价值要靠自己奋斗
困难程度	做任何事情都会遇到困难，决断的困难可能会大于执行的困难	决策的困难程度在于个人能力	执行的困难程度不仅在于个人能力，还与直接领导相关	有的创业的困难程度小于就业的困难程度	提高自己的修养，掌控自己的人生之路
风险承受	要获得超额收益就要承受较大的风险，风险与收益对等	各种风险全部由创业者承担	行业风险由就业的单位承担，个人仅承担职业风险	创业者可以通过各种手段控制创业风险，有时风险也是收益	就业风险包括隐性风险，创业风险一般是显性风险，显性风险更容易避免
机会源地	沿海地区、经济发达地区的机会可能会更多	经济发展较成熟的地方机会不比经济刚起步的地方多	大城市的工作机会更多，待遇更高	目前二、三线城市的创业机会比一线城市多	准备好硬件和软件才可能有成功的机会，没有绝对的机会源地

（二）创业动因

1952 年诺贝尔和平奖获得者阿尔贝特·施韦泽曾经写下这样的《创业者宣言》。

我怎会甘于庸碌，

打破常规的束缚是我神圣的权利，

只要我能做到，

赐予我机会和挑战吧。

安稳与舒适并不使我心驰神往。

不愿做个循规蹈矩的人，
不愿唯唯诺诺、麻木不仁。
我渴望遭遇惊涛骇浪，
去实现我的梦想，
历经千难万险，
哪怕折戟沉沙，
也要为争取成功的欢乐而冲浪。
一点小钱，
怎能买到我高贵的意志。
面对生活的挑战，
我将大步向前，
安逸的生活怎值得留恋，
乌托邦似的宁静只能使我昏昏欲睡。
我更向往成功，
向往振奋和激动。
舒适的生活，
怎能让我出卖自由，
怜悯的施舍更买不走人的尊严。
我已学会，独立思考，自由地行动，
面对这个世界，
我要大声宣布，
这，是我的杰作。

创业将给我们带来无穷的快乐和可能的丰厚回报，但同时也必将伴随许多的烦恼和艰辛，但这样做也许是值得的，因为这意味着自由和自立。

创业是改变人生命运的一个重要决策，而创业行为一般是具有动机的。一般情况下，从事一种行为的动机越强烈，其结果就越好。那么，创业者创业的动机是什么呢？

影响创业的一般因素如下。

①对现职不满意；

②出现创业机会；

③受到别人的鼓舞。

1986年,本杰明和菲利普在有关创业动机的影响因素研究中,将其分为推(push)和拉(pull)两个方面。

①推理论:基于负面的因素,工作者被推出现职而走向创业之路,激发出创业行为。这个负面因素可能是对现职工作不满意或企业裁员或结束营业等。

②拉理论:基于正面的因素,而吸引个人采取创业行动。这个正面因素可能是发觉到潜在商机或个人拥有专利权等。

格林伯格和赛克斯顿的研究指出,创业者之所以想要创业,可能有下列六种原因。

①在市场上发现了机会;
②相信自己的经营模式比别人更有效率;
③希望将拥有的专长发展成为一项新事业;
④已经完成新产品或服务的开发,并且相信这种新产品或服务能在市场上找到利润空间;
⑤想要实现个人梦想;
⑥相信创业是致富的唯一途径。

综合上述各方观点,从社会学视角可见,不利情况、榜样力量、机遇、资源、不同寻常的经历和情景感知因素是驱动创业活动开展的主要因素;从心理学视角可见,对成就的需要、对自由独立的追求、对实现人生价值的期望等成为促成创业活动的心理动机;从经济学角度出发,获得物质层面的预期收益是创业者进行创业决策的又一动因。通过分析创业动因,在微观层面上,创业具有解决个人就业、改善生活质量、实现人生价值等重要意义;从宏观层面来看,创业具有促进经济增长和社会发展、创造就业机会、缩小贫富差距、加速技术创新及其成果转化等重要的社会效应。

明确了自己创业的动因,并且经分析认定自己的创业动因是正确的,这将有利于我们在创业的过程中树立信心、坚定信念、克服困难,从而取得创业的成功。

(三)创业要素

1. 创业活动的六个要素

由创业活动的过程可以提炼出创业的要素,即创业者、商业机会、技术、资源、组织、产品服务等,如图1-1-2所示。

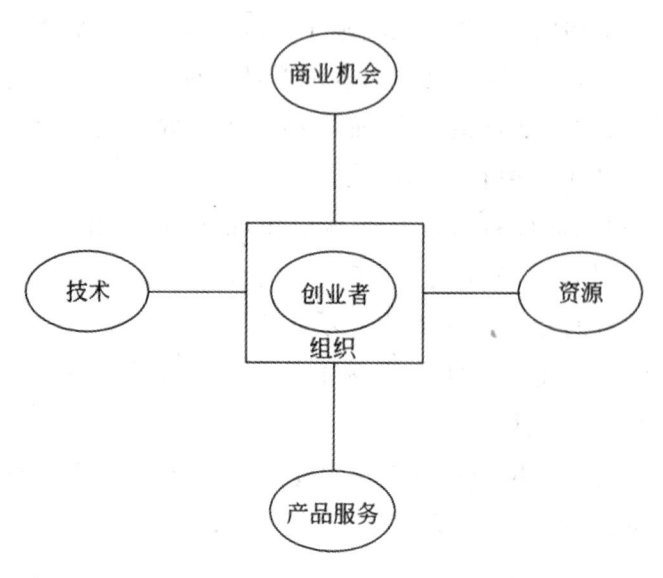

图 1-1-2 创业要素构成图

（1）创业者

创业者是创业活动的灵魂。创业者创建组织，并在创业过程中起着关键引领、实施创业活动的作用，是创业活动的第一要素。

（2）商业机会

创业者往往从发现和识别商业机会开始创业，包括机会识别、可行性分析、产品分析以及开发有效的商业模式……创业过程就是围绕着商业机会进行识别、开发、创造价值的过程。

（3）技术

技术进步经常与经济、社会变化相结合，共同创造市场机会。技术之所以能成为一定产品或服务的重要基础，关键在于要识别出技术如何被用来满足人们基本的或变化的需求。产品与服务中的技术含量构成了企业的核心竞争力。

（4）资源

企业是资源的集合体。创业资源是指创办和运营企业的各种生产要素与支持条件。资源包括各种人、财、物，不仅指厂房、设备等有形资产，也包括知识产权、品牌等无形资产。

（5）组织

创业者建立组织作为创业活动的载体。创业组织的效能影响着创业目标的实现，主要体现在能力、效率、质量和效益四个方面。

（6）产品服务

产品服务是创业活动的结果，体现了创业者为社会创造的价值。产品服务创造的价值越大，在市场上越受欢迎，创业活动的效益越大。

2.创业各要素间的关系

创业要素的关系如下。

第一，创业者是创业活动的组织者，是创业组织的建造者，是产品服务的缔造者，是创业活动的灵魂。

第二，商业机会是创业活动的重要驱动力，技术和资源是创业活动的必要保证，组织是创业活动的载体，产品服务是创业活动的结果和价值所在。

第三，创业是具有创新创业精神的创业者、商业机会、组织、技术、资源等要素相互作用，生产产品服务、创造社会价值的动态过程。

如果我们已志愿成为一名创业者，是否已找到一个合适的商业机会？这个商业机会是我们自己想生产的和销售的产品和服务，还是人们需要而且愿意购买的产品和服务？我们要生产的产品和服务会产生什么样的社会价值？我们打算建立一个什么形式的企业组织来实施我们的创业计划？我们所具有的技术和资源条件怎么样？我们将如何整合和开发所需资源？这些都是创业者需要考虑的问题。

（四）创业活动的特质

一般来讲，创业活动具有以下几个鲜明的特征。

1.创新性

创业是一个从无到有的过程，创业活动的关键和核心特征在于创新。创新按照熊彼特的定义是一种创造性的破坏，是对资源的利用方式的"新组合"，创业也就是创新实现的过程。在创业活动中，创造新生事物是一种创新，而在原有事物的基础上所做的改进或是以不同的方式去做也是创新。现实生活中，我们身边大多数的创业行为往往都是做别人已经在做的事情，例如，海尔不是第一家生产冰箱的企业，正大集团早在希望集团之前就在大陆生产和销售饲料，在联想销售计算机之前许多中国人已经使用计算机。他们把平凡的事情做出了不平凡的业绩，而取得成绩的背后就是创新。在创业这项创造性活动中，创业者只有在市场开拓、产品生产、技术改进、业务模式和管理制度等方面进行不断探索和创新才能使企业立足和发展。同时，创新与变革紧密关联。如果创业者不改变自己长期形成的思维模式，就难以识别创业机会，也无法做到创新。对于创业者及其所创建的企业来说，创新与发展的过程永远是不断变革的过程。

2. 风险性

创业是在一个不确定的环境中进行的，面对诸多不可控因素，创业者需要承担各种风险。创立新企业一般都从中小企业起步，而各种风险也伴随在整个创业活动中。创业活动需要创业者对市场需求状况、市场容量、市场竞争结构等进行认真的分析，利用商机整合创业资源。中小企业的创业者大都是初次创业，缺乏创业经验和创业实践，难免主观判断失误，形成创业风险。加上中小企业的创业和成长环境十分严峻，会受到大企业在市场中的残酷挤压和众多中小企业的激烈竞争，这种竞争必然会形成优胜劣汰的压力。

此外，中小企业的创业风险还来自创业外部环境的不确定性、创业结果的不稳定性、创业资源投入与创业取得的收益的不对称性，这些风险更由于中小企业创业资源的缺乏而加大。风险是创业活动中的一个性命攸关的问题，创业的风险有的是人所共知的显性风险，有的则是不易觉察、不具有预警性的隐性风险。人们在创业周期中只能实现对风险的管理，而不是消除。所以，如何识别、处置和规避风险必然贯穿创业过程的始终。

3. 社会性

创业活动往往是由创业者个人在一定的社会环境下，为了追求个人的某种目标而展开的，最终的成败往往也主要由个人来承担。即使创业活动最终以失败而告终，但是这并不意味着创业者的努力毫无收获，它给予我们社会创业的经验和启示，以及前仆后继创业的动力。现实中创业活动作为一种商业经营活动有很强的外溢效应，对社会产生了积极的影响。

关于创业对现代社会的重要意义，主要表现在三个方面：①很多技术信息都包含于最终的产品和服务中，而创业正提供了一种机制使技术信息向产品和服务转化；②创业作为一种机制可以发现和减轻经济活动中的无效率；③创业作为社会变化的来源之一，已经被广泛承认是经济改革的来源，是商业部门发展的发动机和社会部门迅速成长的推动力，并且可以增加就业机会、降低失业率。

4. 收益性

新创建的企业如果有一个强大的收益、利润发动机及良好的声誉，那么它的利润就可以可观、可控地增长，从而为企业的所有者带来财富上的回报。收益的来源在于价值创造，即能够向顾客提供有价值的产品和服务，通过产品和服务使消费者的需求得到实质性的满足。所有创业活动都是为了获取回报收益才开展的，同时创业活动的每个行动又都会对社会产生影响。创业活动的收益既包括创业活动的个人收益，也包括社会收益；既包括经济性收益，也包括思想、文化等精神方面的非经济性收益。创业活动的收益水平、创业活动的发生密度和成功率，与整个社会创业资源的聚集程度、创业活动类型及创业活动本身的科学性有很大的关系。

（五）创业的类型

按照不同的标准，可将创业分成不同的类型。不同的创业类型各具特色，皆有其优势特长，也有缺点不足。创业者应结合自身情况扬长避短，选择合适的创业类型。

1. 基于创业主体性质的分类

（1）个人独立创业

个人独立创业是指创业者或几个创业者共同组成的创业团队白手起家完全独立地创建企业的活动。

（2）公司附属创业

公司附属创业是指由一家已经相对成熟的公司创建一家新的附属企业。

（3）公司内部创业

公司内部创业又称为"公司创业"，是指在现有企业框架内，通过观念、技术、市场、制度、管理等方面的创新，创造新的价值，使企业产生新的收益增长点，获得更大活力的过程，即所谓的企业二次创业或三次创业。

2. 基于创业目标的分类

①商业创业是指以营利为目标的创业活动。

②公益创业，又名"公益创新""社会创业"或"社会创新"。社会学家狄兹于1998年第一次定义了"公益创业"的概念。他指出，"公益创业"为在社会使命的激发下，个人或者社会组织追求创新、效率和社会利益的创业活动。

公益创业作为一种新型的组织形式近年来在国外蓬勃发展，被认为是解决社会问题的一种新方法。特别是公益创业家穆罕默德·尤努斯及其创建的孟加拉国格莱珉银行，也称乡村银行，获得2006年度诺贝尔和平奖，引起了越来越多的各界人士对公益创业的关注。

尽管公益创业的模式是商业化的，但它的目的是改变人们的行为而非创造利润。公益创业活动有以下特点：①公益创业必须具有显著的社会目的和使命；②公益创业应该是"解决问题"导向型的，因此公益创业的重点在于发展和执行那些能带来可计量的社会产出或影响的计划，即创造社会价值；③公益创业的创新性主要通过组织创新来体现。

3. 基于创业动机的分类

从创业动机的角度出发，可以将创业区分为推动型创业和拉动型创业。推动型创业是指创业者对当前的现状不满，并受到了一些非创业者特征因素的推动而从事创业的行为。拉动型创业是指创业者在"新创一个企业的想法"以及"开始一个新企业活动"的吸引下，由于创业者自身的个人特质和商业机会本身的吸引而产生的创业行为。

全球创业观察（GEM）在2001年的报告中第一次提出了生存型创业与机会型创业的概念。这一概念的提出是建立在前人对推动型创业和拉动型创业的研究基础之上的。此报告指出生存型创业是那些由于没有其他就业选择或对其他就业选择不满意而从事的创业活动；机会型创业就是指那些为了追求一个商业机会而从事的创业活动。美国90%以上的创业活动属于机会型创业。

我国的机会型创业集中在金融、电商、房地产等创业门槛较高的行业，而数量较大的生存型创业则向零售、汽车、租赁、个人服务、保健、教育服务、社会服务和娱乐业等创业门槛较低的行业聚集。相比于生存型创业，机会型创业不仅能解决自己的就业问题，而且能解决更多人的就业问题。另外，机会型创业着眼于新的市场机会，拥有更高的技术含量，有可能创造更大的经济效益，从而改善经济结构。无论是从缓解就业压力还是改善经济结构的目的出发，政府和社会都应该更加关注机会型创业，大力倡导机会型创业。目前，我国生存型创业比重较大，需要积极改善创业环境，提升创业教育，调整创业活动结构，使更多有创业意愿和创业能力的劳动者成功创业，实现"以机会型创业为主，生存型创业为辅"的发展模式。

4. 基于创新层次的分类

（1）基于产品创新的创业

产品创新的开展可能是基于技术创新的成果，也可能是基于工艺创新等非技术创新的成果。

（2）基于市场营销模式创新的创业

对于新创建的企业而言，所经营的产品或许是市场上已有的产品，但如果它采取了一种有别于其他企业的市场营销模式，有可能给消费者带来更为高效的满足，则同样是在成功地创建企业。

（3）基于企业组织管理体系创新的创业

对于新创建的企业而言，它所经营的产品或许是市场上已有的产品，所运用的市场营销模式也可能是市场上已有的模式，但由于它采取了一种有别于其他企业的组织管理体系，因而能够更高效地实现产品的商业化，所以，往往也能成功地创建企业。

5. 基于创业起点的分类

（1）创建新企业

创建新企业是指从无到有地创建出全新的企业组织。它既包括创业者独立地创建一个新企业，也包括一个已经存在的公司创建一个在管理上保持独立的企业。

（2）公司再创业

公司再创业是指一个业已存在的公司由于产品、市场营销及企业组织管理体系等方面的原因而陷入困境，因而需要进行重新创建的过程。

六、创新与创业的关系

创新与创业相互作用，创新是创业的基础，而创业又能推动创新。新的生产和生活方式的产生需要科学技术、思想观念的创新，进而才能给整个社会创造出更多新的需求，这是创业活动的根本动因。创业活动同样也需要依赖科学技术、生产流程以及经营理念的创新。

因此，创新与创业的联系是密切的。创新是创业的一种手段，创业是创新的一种思考、推理以及行动的方式。因此，我们说创业是将创新的思想、思维或是成果应用于产业和事业当中，从而开创新的领域和新的局面。创业者要想使所开创的企业发展得更有生命力、更加持久，就需要进行创新，并且要不断地创新。

创业与创新是两个不同的领域，将二者放在一起强调，是因为二者是一对"孪生兄弟"，关系密切。创业是创新的载体，创新是创业的动力。从经济学的角度来看，创新的目的是支持企业生产出消费者愿意购买的商品。因此，创新离开了创业这个载体，就是闭门造车。在我国，一直广受诟病的科研脱离实际、产学研脱节的现象，就是科研技术创新不能以创业作为载体的佐证，而在创业的过程中，企业不思进取、不锐意创新，最终也会被市场和消费者抛弃。

企业因不创新而失败的例子比比皆是，曾经风光无限的手机巨头摩托罗拉、诺基亚、爱立信在智能手机创新大潮的冲击下逐渐退出了人们的视野。相机胶卷巨头柯达也在数码相机的冲击下走下神坛，走向没落。

因此，创业是创新的载体，创新是创业的动力。正是基于此，《国务院关于大力推进大众创业万众创新若干政策措施的意见》特别强调，"双创"的意义在于"支持各类市场主体不断开办新企业、开发新产品、开拓新市场，培育新兴产业"，形成小企业"铺天盖地"、大企业"顶天立地"的发展格局，实现创新驱动发展，打造新引擎，形成新动力。同时强调推进大众创业、万众创新，是扩大就业、实现富民之道的根本举措。可见，"双创"可以促使更多的人创业，兴办更多的企业，并创造更多的就业机会。

创新更加关注的是获得的结果，创业不仅仅关注获得的结果，还更加关注这种结果得以实现的条件。创新注重人的总体性发展，而创业是对人的价值的一种具体体现。然而创新精神只是为创业的成功创造出一定的可能性以及必要的准备，因此仅仅具备创新精神也是不够的，如果脱离了创业实践，缺乏创业能力，那么创新精神也就变成了无源之水、无本之木。因此，创新精神只有作用于创业实践活动的基础上才可以体现出它的意义。

在经济全球化、信息网络化、竞争国际化的新趋势下，要想在市场有立足之地，创业企业是否自主创新是根本保证，并且自主创新也是促进创业企业发展的无形力量。衡量创业企业的发展水平也要将其拥有多少自主品牌作为重要指标。因此，在现代经济中，创业企业要想获得自主品牌必须进行有效的自主创新。而获得自主品牌需要通过企业自身的努力探索，进行技术上的突破，并在此基础上凭借自身能力，系统地推进创新的后续环节，进而实现技术创新中成果的商品化与产业化。

总之，创业不等于创新，创新也不等于创业，两者有明确的研究边界，但并非相互独立的，而是有着不可分割的内在联系。简单地讲，首先，创新是建立一种新的生产函数，是引进生产要素的"新组合"；而创业则是这种"新组合"的市场化或产业化实现的过程；其次，创业的关键在于创新，创新是创业的源泉，持续创新必然推动和成就创业成果的商品化、市场化，因而创业使得创新的经济价值、社会价值得以实现；最后，创业与创新正呈现出越来越显著的融合趋势，这种融合是一个动态整合、集成的过程，并非只发生在新企业启动或创建的阶段，而是贯穿创业和成长的整个过程，在这一过程中，创新精神、创业能力和市场意识始终是创业成功的内在动力。创新与创业是相互联系、不可分割的。

第二节　大学生创新创业教育理论

一、知识型创业的概念界定

知识型创业这一概念是在经济发展转变的时候被提出来的。身处知识型社会中，创新创业对创新驱动提出了需求。在实现创新驱动的过程中，创业者基本都来自接受过高等教育的群体，我们将这一群体称为"知识劳动者"，他们是具有深厚知识基础的劳动者。

知识溢出创业是知识型创业的别称。创业的过程是知识溢出的结果，或者是对知识进行改造的一种形式。在这个过程中，对知识进行创新的人将会获得新的机遇、得到新的知识。与此同时，知识劳动者是知识型创业的主体。他们都是受过良好的高等教育的人群，具有完整的知识结构和丰富的知识体系，在新观念的接受和创造上比较有建树，并且容易接受新的事物，敢于对事物进行探索和再造，以此来应对社会的发展和环境的变化。这个群体对文化交流活动也更加感兴趣，更加符合时代的发展。

从文字来看，知识型创业是指需要高学识的一种创业活动。相关的学者也指出，未被商业浸染的知识是未来创业的重要方向，这些知识来源于现存的社会，是在企业的生产中被创造出来的，因此知识型创业是知识溢出的必然结果。新的企业会将未被商业化的知识进行商业化处理，并以企业的形式进行创新和发展。这种知识型创业需要企业具备强大的创新能力，需要对知识进行吸收、消化和创新等。由此可见，可以将知识型创业活动看作在整个创业网络中具有许多吸引因素的一个项目，它不但可以对已有的创新网络进行巩固和拓展，还能够在大环境中找到新的创新型群体，适应新环境的发展和变化。

随着知识型经济的产生和发展，人们越来越重视知识型创业。国家对知识型创新创业越重视，就越能促进知识经济的发展。有诸多案例表明，知识型创新创业对社会的发展和经济的发展产生了重大影响。

二、创新教育与创业教育的关系

如果学生具有创新精神和创业愿望，并且具有相关的能力和机会，那么他们便能他们够走上创业的道路，并且获得成功。

虽然创新和创业有很多共性，但是二者也具有差异性。创新是指思维方面的一种变革和尝试，是一种精神层面的转化和创造。创业则是一种实际行动，是在社会活动、政治领域、经济领域的一种新尝试，是对商品或者服务进行提升的一种途径，是新财富产生的过程。创新和创业相辅相成，创新需要通过创业来具体实现，而创业则需要创新的领导。

创新教育在人的发展中具有主导作用，它培养学生的创新思维、挖掘学生的创新潜力，与传统的教育模式具有本质区别。它摒弃了不思进取、一成不变的教育模式，在教育活动中融入创新的因素。创业教育是对人的价值的一种体现，是对学生的创业精神、创业素质的培养，是帮助学生创业的技能教育，是为社会发展做贡献、为社会经济服务的一种模式。创业教育具有局限性，需要创新教育的补充和完善。创新教育和创业教育不可分割，具有共同的价值取向和目标，是对学生的创新思维与动手能力的培养和教育。虽然创新教育和创业教育被提出来的时间有先后之分，侧重点也有所差异，但它们都是历史和时代发展的必然产物，是素质教育改革的核心和重点，二者相互促进又相互制约，是密不可分的辩证统一体。

素质教育是以学生的全面发展为目标的，是帮助学生成长的重要环节。创新教育是实现学生全面发展的重要环节；创业教育则是针对学生的目标和价值的实现而开展的。创新教育和创业教育具有相同的目标和功能，二者是相辅相成、相互制约的关系。

三、知识型创业与创新创业的关系

创新创业、创新教育、创业教育三者之间是紧密联系的。"创新驱动"已经发展成为"经济发展变革"的主要动力，对经济的发展方式的转变具有重要作用。若缺少创新，知识型创业就无法进行，也不会带来经济的发展。在这种大环境中，创新和创业被结合在一起，创新更是成为创业的指导思想。创业的人只有拥有新的思维和理念，才能够对知识进行重组，并且产生效益。"创新驱动"是人不断创新的一种结果，是"知识溢出"的重要推动力。大学生都受过高等教育，他们才是这种创新模式的主要继承人。在创业从原来的"资源驱动"发展到"创新驱动"的过程中，需要解决以下两个重要问题。

第一，人力资本的积累问题。这需要对高等教育的规模进行扩大，将更多的人送入高等学府，将简单的劳动力转化为具有高等教育背景的知识劳动力，使他们能够具有更高的含金量，并且符合"人力资本驱动"的相关要求。20世纪末，高校进行扩招就是这个过程的开始。

第二，知识创造收益的问题。这也是从知识到资本到创新再到收益增长的发展过程。科学知识本身不具备生产力，关键是要找到相关的转型因素。

要想将创新教育和创业教育对人、社会和经济发展的作用发挥到最大化，首先要重视高等教育。受过高等教育的劳动者才是创新创业的主要人群，现在和之后的很长一段时间内，这些人群都是最重要的。

四、创新创业教育的理论依据

创新创业教育的主要目标是培养具有创业素养的人才，并且培养这些人才的创造型个性。创新创业教育不仅要培养学生在创业方面的能力、意识和精神，还需要重视对社会人才的培养。具有创业意识或者已经开始创业的人都有资格接受这种教育，因此要对他们进行分层次的教育和培养，帮助他们提高创业能力。

（一）知识转化理论

从是否可以被准确地表达和转移的角度进行划分，可以将知识分为隐性知识和显性知识两种类型。在社会生产和社会生活的过程中，隐性知识无处不在，需要人为地去挖掘和总结，将其形成系统的理论。隐性问题被解决的过程是社会技术进步的过程。技术的进步不是一朝一夕的，而是日积月累的一个过程。

将隐性知识转变为显性知识是一个对知识重复利用的过程，其中关键是要对信息进行收集、分析、整理和传播。信息在这个过程中不断被融合和使用，并伴随着新的理念的产生。个人的知识想要达到共享的状态有很大难度，但是在传递的过程中，若相关的观点和信息也会被记录，则其他人便会对这些知识进行感知、理解和内化，再结合自身的知识体系形成新的知识要点。

在对于知识的转化、创造和提高的过程中，其核心是将隐性知识转化为显性知识，这是知识效益的最重要的体现方式。在企业中，员工的个人隐性知识更加具有竞争力。能否将这种核心竞争力进行激发并尽可能清除转化过程中的诸多障碍，直接关系到企业创新水平能否提高。

（二）人力资本理论

在人力资本理论中，个体在学习和接受教育时所获得的知识和才能，是一种社会财富，是一种社会固定资本。

20世纪中期,在科技和经济的进步过程中,专家对人力资本的相关研究已经系统化。提高人力资本的相关管理水平,不但能够促进经济发展、提高市场竞争力,而且符合现代化的发展要求,可以更好地挖掘相关的潜能以及跟上社会的发展步伐,甚至对社会进行改造,因此人力资本的管理具有非常重要的意义。在相关措施的管理下,可以将人力资源的积极性和创造性发挥出来,尽可能地发挥人们的主观能动性去解决问题。相关调研表明:如果按照小时获得报酬,那么员工大概会发挥20%~30%的能力,能够维持他们的生存;但是如果对其创造性和自觉性进行挖掘,那么员工可以发挥出80%~90%的潜力,人力资源的效果会大大提高。

进入21世纪后,大学生就业形势以及国家经济发展形势都发生了天翻地覆的变化,社会对人才的要求也越来越高,需要更高的素质、更好的能力、更健全的培养方法和更明确的培养目标。大学生除了要学习基本的知识和技能外,还需要在文化修养、创新精神、企业家精神、创造力等方面进行提高,这样才能够成为全面发展的高素质人才。人力资本理论为创业人才培养提供了相关的基础知识。时代要求对创业人才开展培训,高校的创业人才培养计划对社会的进步和经济的发展具有推动作用。

(三)实用主义教育理论

19世纪末,美国兴起了实用主义教育理论,它是对传统教育模式的一种批判,特别是对以赫尔巴特为代表的教育学家的一种批判。在这种实用主义教育理论的影响下,新兴的教育思潮不断涌现,并对20世纪全世界的教育理论和实践成果产生了重要影响。约翰·杜威和克伯屈都是美国哲学家、教育学家,同时,他们也是实用主义教育理论的代表人物。

杜威对师生的互动和合作特别重视。他认为,在教育中,要引导学生主动思考,并激发他们探索问题和解决问题的动机;教师要融入学生的活动中,而不是袖手旁观。在参与活动的过程中,教师和学生也能够发现教育的改革点。杜威很不认同那种死板的、恐吓的、压抑的教育和教学方式,他认为所有的教学都需要教师和学生双方参与,并具有互动,这是帮助建立师生之间平等关系的重要措施,也是共同学习的过程。

实用主义教育理论主要有以下几个观点。

①教育是生活,二者应该是融合在一起的,而不是专门为未来生活而开展教育。

②教育是个人成长和积累经验的过程，教育的终极目标是让学生在环境中积累相关的经验并实现成长。教育的本质是一种成长，是个人经验不断增加的过程。

③要以学生的相关经验为核心来设置课程，而不是只从学科的角度来设置相关的课程系统，要进行突破。

④在教育过程中，教学工作不能从教师的角度出发，教师的角色已经演变成辅助者，学生才是整个教育过程的核心。

⑤在教育和教学中，要激发学生的创造性，要让学生学会独立思考，主动发现问题并解决问题。

现在的社会是一个以实用主义教育为主的社会，实用主义还有很大的社会价值，杜威等的教育思想理论在未来还有很大的发展潜力。总之，实用主义教育的理论是站在学生的角度、以学生为核心的一个理论，包括课程的设计、相关的思想等都要考虑学生的发展。

（四）创新型国家理论

人们在对国家进行划分的时候会从现代化和工业化的水平考虑。有的国家具有丰厚的自然资源，这些自然资源能够为国家带来财富，例如，大部分中东国家盛产石油，它们属于资源依赖型国家；而有的国家则具有成熟的技术、发达的资本、繁荣的市场，例如拉美等地区的国家，它们属于依附型国家；有的国家实施的是科技创新的战略，在国内形成强大的科技创新能力，并具有越来越大的竞争优势，它们属于创新型国家。在创新型国家中，创新技术是社会发展的核心，也是国家的根本，具体有以下3个特点。

①整个国家和社会中创新活动的投入很高；

②国家的技术竞争力很强，投入和产出的比值很小，绩效很高；

③科学和技术的进步与创新在这些国家的财富贡献中占很大的比重。

同时，创新型国家还有以下特点。

①很高的创新投入，国家的相关研究经费占GDP的比例高达2%以上；

②很强的自主创新能力，依靠国外的技术支持标准一般都在30%以下；

③科技对整个社会的贡献程度高达70%以上。

在竞争中，想要获得主动权，需要通过科技创新加强自身的综合国力和国际竞争力。

在创新体系建设中，高校始终肩负着时代的使命，也承担着重要责任，更背负着为国家和社会培养创新型人才的重大任务。创新型人才是推动科技生产力的重要力量,能够为社会生产的科技转化、社会现代化的建设贡献自己的一分力量。培养创新型人才不仅是社会主义现代化建设过程中的重要环节,更是实现全面建设小康社会的重要前提,也是建设创新型国家的重要手段。

(五)熊彼特创新理论

1. 理论内容

熊彼特在《经济发展理论》一书中提出"创新理论",此后又相继在《经济周期》和《资本主义、社会主义和民主主义》两本书中加以运用和发挥,逐渐形成了以"创新理论"为基础的独特的理论体系。"创新理论"最大的特色就是强调生产方法的变革和生产技术的革新在经济发展过程中至高无上的作用。他第一次以"创新理论"解释资本主义的本质特征,解释资本主义发生、发展和趋于灭亡的过程,从而闻名于经济学界,影响颇大。

熊彼特认为,创新是周期性的,每个长周期包括六个中周期,每个中周期包括三个短周期。长周期为48—60年,中周期为9—10年,短周期为40个月。他根据创新浪潮的起伏,以重大创新为标志进行划分,把资本主义经济的发展分为三个长周期。

① 1787—1842年是产业革命发生和发展时期;

② 1843—1897年为蒸汽和钢铁时代;

③ 1898年以后为电气、化学和汽车工业时代。

周期性的经济波动正是起因于创新过程的非连续性和非均衡性,不同的创新对经济发展产生了不同的影响,由此形成时间各异的经济周期。资本主义只是经济变动的一种形式或方法,它不可能是静止的,也不可能永远存在下去。

20世纪70年代以来,门施、弗里曼、克拉克等用现代统计方法验证了熊彼特的观点,并进一步发展了这一理论,被统一称为"新熊主义"或"泛熊彼特主义"。进入21世纪,在信息技术的推动下,知识社会的形成及其对创新的影响进一步被认同,创新被认为是各创新主体、创新要素交互复杂作用下的一种复杂涌现的现象,是创新生态下技术进步与应用创新的双螺旋结构共同演进的产物。关注用户参与的、价值实现的和以人为本的创新模式,成为新世纪对创新重新认识的探索与实践。

2. 熊彼特进一步明确指出创新的五种情况

第一,采用一种新的产品,也就是消费者还不熟悉的产品或一种产品的新特性。

第二，采用一种新的生产方法，也就是在有关的制造部门中尚未通过检验的方法，这种新的方法不需要建立在科学发现的基础之上。

第三，开辟一个新的市场，也就是国家的某一制造部门以前不曾进入的市场，而不管这个市场以前是否存在过。

第四，掠取或控制原材料或半成品的一种新的供应来源，不论这种来源是已经存在的，还是第一次创造出来的。

第五，实现一种新的组织，比如造成一种垄断地位（如"托拉斯化"），或打破一种垄断地位。

后来人们将他的观点归纳为五个创新，依次对应产品创新、技术创新、市场创新、资源配置创新和组织创新，而这里的"组织创新"仅仅是初期的狭义的制度创新，也可以看成部分的制度创新。

熊彼特创新理论的基本观点包括以下几方面。

第一，创新是生产过程中内生的。他说："我们所指的'发展'只是经济生活中的，并非从外部强加于它的，而是从内部自行发生的变化。"投入的资本和劳动力数量的变化导致的经济生活的变化并不是唯一的经济变化，还有另一种经济变化，就是"创新"。它是从体系内部发生的，不能用外部数据的影响来说明。这种变化是很多重要经济现象产生的原因，所以为它建立一种理论似乎是值得的。

第二，创新是一种"革命性"变化。熊彼特曾做过这样一个形象的比喻："不管把多大数量的驿路马车或邮车连续相加，也绝不能得到一条铁路。"而恰恰就是这种革命性变化的发生，才是我们要涉及的问题，也就是在一种非常狭窄且正式的层面上的经济发展的问题。这就需要对经济发展进行动态性分析研究，充分强调创新的突发性和间断性的特点。

第三，创新同时意味着毁灭。在竞争性的经济生活中，虽然消灭的方式不同，但新组合的出现就意味着对旧组织通过竞争而加以消灭。

第四，创新必须能够创造出新的价值。熊彼特认为，发明是新工具或新方法的发现，而创新是新工具或新方法的应用，发明先于创新产生。只要发明还没有得到实际上的应用，那么在经济上就是不起作用的。因为新工具或新方法最重要的意义就是能够创造出新的价值，它们的使用在经济发展中能起到作用。把发明与创新割裂开来，有其理论自身的缺陷；但强调创新是新工具或新方法的应用，必须产生出新的经济价值，这对于创新理论的研究又具有重要的意义。

第五，创新是经济发展的本质规定。熊彼特认为，可以把经济区分为"增长"与"发展"两种情况，他力图引入创新概念以便从机制上解释经济发展。人口和资本的增长所导致的经济增长并不能称作发展。因为它本质上不能产生新的现象，而只是一种适应过程，像在自然数据中的变化一样。我们所意指的发展是一种特殊的现象，同我们在循环流转中或走向均衡的趋势中观察到的完全不同。它是流转渠道中的自发的和间断的变化，是对均衡的干扰，它永远在改变和代替以前存在的均衡状态。我们的发展理论只不过是对这种现象和伴随它的过程的论述。

第三节　大学生创新创业教育现状

一、经济转型期创新创业教育的主要特点

随着我国社会主义经济转型的不断深入发展，高等教育想要突出自己的创新实力，必然要调整结构、创新制度、激发学生的创新思维和竞争意识。这一时期的创新创业教育也具有显著特征。

（一）观念教育先于行为教育

创新创业教育内容主要由两个方面组成：一个是创新创业观念，另一个则是创新创业行为。在经济转型时期，创新创业是转型成功的一个重要保障。只有激发学生的创新创业意识和思维，才能使其有创新创业行为，因此高等教育体系也开始注重结合创新创业教育理念，以使学生具备一定的创新创业知识。

在社会经济发展过程中，企业家的作用是不可或缺的。通过创业，学生可以实现个体的全面发展和自我价值，这是在创新创业思想上的重大改变。学生具备一定的创新创业意识后，可有效推动大学生自主创业，缓解当前严峻的就业形势。当然，我们对于创新创业教育的意义要给予充分肯定，才能吸引大批的人才投身创新创业教育中。

（二）以知识型创业为目标

知识型创业目标是创新创业能力教育的主要内容和基本内涵。从创新创业的特征和本质来看，知识劳动者才是知识型创业概念的主体。这种创业是建立在创新思维的基础之上的，是凝结、吸取和聚集创新能力的过程。虽然企业决策、生产要素和需求条件等外生性变量都是凝聚创新能力的重要推动因素，但其内生性变量才是最为重要的推动因素。

（三）以自我实现为目标

创新创业教育最终是为了实现分层次、差异化和全覆盖的教育目标，是为了促进学生自我价值的实现。因此，创新创业教育是针对所有学生而开展的，是为了培养学生的创新意识、创业精神和创新实践能力。创新创业教育应该针对有创业想法的学生进行有目的的个性化教育，使学生具备一定的创业基础知识和实战技能；同时，创业教育还需要结合专业教育，使学生既能获得创业实战技能的提升，也能提高综合素质，从而体现高校教育的全面性和专业性，帮助学生实现综合实力的全面提升。

（四）创新创业教育是一种长期的持续性行为

从本质上来讲，创新创业教育是一种注重创业教育和专业教育的高度结合、促进学生成才的教育方式。创新创业教育应该将每个学生都当成具有个性的、与众不同的个体，从而为学生规划人生道路，这在一定程度上也反映了大学生创新创业教育是一项长期而繁重的教学任务。

二、创新创业教育在我国的发展情况

1997年，清华大学经济管理学院开设创新与创业方向课程，成为创业教育发展的具体标志性事件，这一年成为中国高校创业教育源起之年。从中华人民共和国教育部高等教育司《推进高等学校创新创业教育有关情况》的颁布到目前，中国高校创业教育经历了三个阶段。第一阶段以1997年为起点，到2002年结束，为"高校自发探索阶段"；第二阶段从2002年4月至2010年4月，是"教育行政部门引导下的多元探索阶段"；第三阶段从2010年4月至今，是"在教育行政部门指导下的全面推进阶段"。具体如下。

（一）高校自发探索阶段

1999年，国务院公布的《关于深化教育改革全面推进素质教育的决定》指出，"高等教育要重视培养大学生的创新能力、实践能力和创业精神，普遍提高大学生的人文素养和科学素养"。我国教育部制定的《面向21世纪教育振兴行动计划》开始正式回应创业教育这一理念，指出"加强对教师和学生的创业教育，采取措施鼓励他们自主创办高新技术企业"。国家也相应做出了一系列举措，开展创业教育相关活动，鼓励大学生创业。同年，清华大学举办了全国第一届"挑战杯"创业计划大赛，使创业教育的理念渐渐走入高等院校，拉开了中国创业教育事业的序幕。

2000年，教育部关于"大学生（包含硕士、博士）可以保留学籍创办高新技术企业"政策的出台极大地推动了大学生的创业激情。

2002年清华大学出版的《全球创业观察2002中国报告》一书，为我们准确把握2002年的创业状况提供了重要线索，这是首本研究中同创业活动的书籍。该书从总体上提出了以下三方面问题。

①中国人虽然不乏创业激情，但除少数成功创业者在创业过程中摸索出对创业的科学认识外，多数创业者还处在向科学认识创业活动转变的缓慢过程之中。

②中国的创业活动缺乏理论指导，目前尚处于起步阶段，创业领域的研究略显薄弱。

③中国的创业教育尚未能为创业者提供创业的基本技能和意识的训练，仍未建立起以教育培训为途径来使学生获得创业技能的体系。

（二）教育行政部门引导下的多元探索阶段

教育部于2002年确立了9所创业教育的试点院校，包括清华大学、中国人民大学、上海交通大学、北京航空航天大学、武汉大学、南京财经大学、黑龙江大学、西安交通大学和西北工业大学。这一年中国进入教育行政部门引导下的创业教育活动的多元化探索阶段。

2003年，教育部举办了"第一期创业教育骨干教师培训"，全国百余所高校的200余名教师参加了培训；同年，国务院公布《关于切实落实2003年普通高校毕业生从事个体经营有关收费优惠政策的通知》。创新创业教育活动虽然并未在全国范围开展，但是在2003年也取得了一定的成绩，而这些成绩与国家宏观环境的有力支持和高校自身的努力密不可分。

2004年，教育部、劳动和社会保障部联合发文，全国37所大学进行以SYB（Start Your Business，创办你的企业）创业培训为中心内容的创业教育。

2005年，我国展开"大学生KAB创业基础"（KAB，Know About Business，了解企业）项目，全国有近七百多所高校开展实施这项创业教育项目。

2007年，党的十七大提出"提高自主创新能力，建设创新型国家"和"促进以创业带动就业"的发展战略。

2008年，在9所高校试点的基础上，通过"质量工程"项目，教育部再次成功申报了30个创新创业教育类的人才培养模式创新实验区项目。这些试验地和试点的成功经验，为在全国高校全面推进创业教育起到了重要的示范作用。

2009年，中国高等教育学会创建的"创业教育分会"正式成立。

2010年，中南大学与中国高等教育学会创业教育分会联合创办了《创新与创业教育》期刊。此期刊是学术理论类期刊，专门发表与创新创业教育相关的理论知识和对策分析，主要为了构建创新创业教育学术活动的交流平台，提高学生的创新创业能力，促进高校创新创业教育的发展。

（三）教育行政部门指导下的全面推进阶段

2010年4月22日，由教育部组织召开的推进高等学校创新创业教育和大学生自主创业工作的视频会议在北京举行。同年5月，教育部正式公布了《教育部关于大力推进高等学校创新创业教育和大学生自主创业工作的意见》，其中提出了创新创业教育是为适应经济社会和国家发展战略需要而产生的一种教学理念与模式，明确强调创新创业教育对于建设创新型国家和实施以创业带动就业战略实施的重大意义，并对推进工作提出了具体要求。这标志着高校创新创业教育进入全面推进的新阶段，推进高校创新创业教育和大学生自主创业工作也是高等教育自身改革发展的迫切要求。

2010年成为中国高校全面推进创新创业教育的全新开端。同年，人力资源和社会保障部也相继推出了大学生创业引领计划。计划中规定，未来所有胸怀创业梦想和期望，并符合相应要求的学生均能够得到创业相关内容的引导和培训，预备创业的学生均能够得到创业相应范畴资助和服务。

第二章 大学生创新创业的背景

国家经济的高速发展离不开千千万万的高素质劳动者的努力付出和辛勤工作，而一个高素质的劳动者，不但需要在基础文化素质、技术、职业素质以及思想品德素质上达到一定水平，而且还要有较高的创业素质。创业精神和开拓精神是一个高素质劳动者所必须具备的，也是推动社会主义现代化建设的重要条件和前提。创业者的目光不能只停留在提高自身能力和实现自我价值的层面，更应该从国家富强的角度来看待自己的创业。创新创业素质是受教育者应具备的最基本的综合素质，它能有效引导受教育者向更高层次的素质发展。学生的创业发展将是一个长期的、艰苦的过程，会遭受各种各样的挫折，遇到各种各样的挑战，并受到来自外界和自身因素的影响。

第一节 大学生创新创业的时代背景

一、"互联网+"概念的提出

随着全球网络化的快速发展，互联网和社交网络改变了传统经济发展模式，也带来了社会形态的改变和消费者生活方式的变化。越来越多的创业企业依托互联网开发出新的商业模式并取代了传统的商业模式。互联网创业正以其爆炸式的效果，在世界范围内迅速发展，成为当今世界发展新的经济增长点。

半个世纪前开始的信息产业革命以及正在发生的移动网络革命，是迄今为止人类对社会做的最巨大的一次改造。网络的发展加快了经济全球化进程，改变了人类的生产、流通、分配、消费方式，出现了虚拟货币、网络市场、社区商务等新的经济现象。

（一）互联网的发展历程

1. 互联网完全商业化之前的发展

互联网于1969年问世，但在1995年完全商业化之前，即在1969—1995年，网民数量以及网络使用的范围与领域都有一定的限制，互联网还没有那么普及。这一时期不同领域的信息交流的需要和信息技术的发展，推动了互联网的发展。互联网能获得如此快速的发展，主要是得力于信息传播交流的需求。这一阶段互联网的发展主要是因为军事信息传递、科技信息交流、商务信息交流等的需要。1995年4月30日，互联网完全商业化，人们的日常生活、学习和工作都受到不同程度的影响，虚拟空间与城市空间、网络社会与现实社会之间形成相互促进、共同发展的局面，从而为人类社会的加速发展创造了有利条件。

2. 互联网完全商业化以来的发展

1995年，互联网完全商业化以后，中国互联网的发展大致分为以下四个阶段。

第一阶段，1995—2003年，互联网主要是一种社交工具，主要包括网络新闻、社区、论坛、QQ等。

第二阶段，2003—2008年，互联网主要是一种渠道，是交易平台。百度、阿里巴巴、腾讯等一批互联网企业便在此阶段发展起来，支付宝、B2C（Business to Customer，企业对个人电子商务）、B2B（Business to Business，企业对企业电子商务）、众筹等得以发展。

第三阶段，2008—2013年，互联网完成了由渠道向基础设施的演进，"云网端"等主要标志性技术的突破和成熟，使互联网平台迅速崛起，大数据、云计算、物联网、工业4.0、智慧地球等呈快速发展态势。

第四阶段，2014年至今，互联网已经成为人类离不开的生存空间，已经成为一种新的经济范式，并形成一种依附"互联网+"的新型经济生活方式，是经济社会的一次质的飞越，而且发展劲头正盛。

（二）经济与社会的发展

互联网已经走过50多个发展年头，在发展历史中也呈现出一定的特点。1995年以前，互联网的应用领域主要集中在专业和学术上。互联网的真正商业化始于1994年，以浏览器技术的出现为代表并迅速波及全球，国内开始引入互联网也正是在这个时候。国内互联网在最近20年内的发展势头非常强劲，并深刻影响着人们的日常生活，从窄带发展到宽带，从固定发展到移动接入，都不断方便着人们的日常生活、学习和工作。智能手机高度融合通信和计算两项功能，其内置的应用商店还可以进行各种移动应用的下载和使用，为人们的日常生活带来非常大的便利。人们已经越来越离不开智能手机和互联网。另外，互联网也从简单的收发邮件发展成融合阅读、下载、浏览等多种功能的社交平台，为人们的日常社交提供便利，用户人数也与日俱增。互联网技术及其应用已渗透到社会的各个角落。现在，互联网发展进入一个全新的时期，即如何面向企业进行拓展而不局限于个体网民，以及如何实现产业互联网的发展而不局限于消费互联网。"互联网+"行动计划就是在我国经济与社会发展呈现新常态的背景下提出的，具有促进产业转型升级、刺激消费、推动就业创业，以及提升政府治理能力的积极意义。"互联网+"行动计划，受到社会各界的广泛关注，掀起了信息化与工业化融合的热潮。

未来，消费互联网的发展趋势将是产业互联网。任何一个产业的更新换代都将受到互联网的制约和推动，并且泛互联网化将成为每一个产业发展的必然特征。随着信息通信技术的不断发展和应用，各种创新形态演变和行业新形态将会不断涌现，并形成一个相互作用、相互影响、相互推进的关系网，这将给传统产业带来颠覆性的改革。

综上所述，传统行业的转型并非简单地进行"互联网+"，还要将互联网进行深刻的渗透和融入，带动社会供给方式和需求方式产生全新的变化，并将极大改变经济和社会发展方式。在未来的信息社会，网络将是经济社会转型的重要动力。除此之外，数据、计算、知识等也将为社会转型带来极大的推动作用。"互联网+"与其他产业的融合应用是一种"化学反应"，将会推动经济社会走向颠覆式的创新。

（三）"互联网+"的提出和发展

2012年11月，易观国际董事长于扬首次提出"互联网+"的概念。同时他还指出，"互联网+"是移动互联网产生的根源和基础所在，它可以将产品和服务进行多屏全网连接。他的发言让人们更多地开始关注和讨论"互联网+"将怎样改变金融服务模式、"互联网+"将给传统企业带来怎样的变革等一系列话题。

2015年3月，李克强总理在十二届全国人民代表大会第三次会议中提出"互联网+"行动计划，从而在国家政策的高度上给予云计算、物联网、移动互联网以及大数据与现代创造业进行结合的高度认可，并为工业互联网、互联网金融和电子商务的发展创造了有利条件,加快了国内互联网企业向国际进军的步伐。

同时,李克强总理还首次提出"应该将'互联网+'概念融入国家的经济顶层设计中",这对中国经济的发展和创新具有划时代意义。"互联网+"是一种新型的经济形态,可以使生产要素之间得到充分的优化和集成。各个经济社会领域都需要充分发挥互联网创新的优势,加速生产力和创新力的发展,从而促进经济社会的快速转型。

2015年7月,经李克强总理签批,中华人民共和国国务院印发了《关于积极推进"互联网+"行动的指导意见》。2015年12月,在第二届世界互联网大会上,中国互联网发展基金会联合百度、阿里巴巴、腾讯共同发起倡议,成立"中国'互联网+'联盟"。

2016年5月,教育部、国家语言文字工作委员会发布《中国语言生活状况报告(2016)》,"互联网+"入选十大新词和十大流行语。

由此可见2015年,李克强总理提出的"互联网+"行动计划使云计算、物联网、大数据和移动互联网对现代制造业产生了更深远的影响,为互联网金融、工业互联网和电子商务等众多领域提供了全新机遇。"互联网+"开始真正进入人们的视线,进入中国老百姓的生活,进入中国经济与社会发展的各个领域。

二、由"中国制造"到"中国创造"

制造业就是将已有资源(包括天然资源及人工资源)通过相应制造过程,加工成为能满足人类生产生活需要的相关产品的行业。人类进入工业文明时代后,制造业在国民经济发展中的作用日益凸显,可谓是立国之本、兴国之器、强国之基。作为一个后发现代化国家,制造业在中国的国家发展规划当中具有战略性的意义。中国制造业在经历了近代以来的曲折历程,实现了从无到有、由少到多的发展,特别是改革开放之后,中国积极利用经济全球化的机遇,抓住全球产业结构调整的契机,发挥自身人力资源优势,打造出风靡全球的"中国制造"。

(一)誉满全球的"中国制造"的优势

"中国制造"指在中国制造或者加工的工业产品,既包括重工业,也包括轻工业;既涵盖了传统行业,也涉及各类新兴产业;既包括中国自主研发制造,亦包括对外来部件的组装和加工。

通过国人的不懈努力,我国的工业制造、加工能力得到迅速提升。钢铁、有色金属、电力、煤炭、石油、化工、机械、建材、轻纺、食品、医药等工业部门逐步发展壮大，航空航天工业、汽车工业、电子工业等也从无到有，迅速发展起来。目前，我国已拥有39个工业大类、191个中类、525个小类。其中，工业产品产量居世界第一位的已有220种，粗钢、煤、水泥产量已连续多年稳居世界第一。2009年，水泥产量占世界总产量的60%。2010年，粗钢产量占世界钢产量的44.3%，煤炭产量占世界总产量的45%。

随着工业制造、加工能力的不断提升，"中国制造"的出口竞争力也得到相应增长。与改革开放初期初级产品在出口当中占优势比重的情形相比，2010年，工业制成品在出口中的占比为94.8%，机电、高新技术产品在出口贸易中的主导地位日益明显（机电产品占出口总额的比重超过一半，高新技术产品的比重占近三分之一）。其中，家电、皮革、家具、自行车、五金制品、电池、羽绒等行业成长为具有一定国际竞争力的行业，这些产品已出口到200多个国家和地区，在世界贸易当中占有相当大的比重。"MADE IN CHINA"随处可见，中国已俨然成为"世界工厂"。

"中国制造"不仅为全球消费者提供了大量优质廉价的产品，还吸引了国内大量人口就业，带动了国内的经济发展。"中国制造"在国际社会已然成为一种符号，这个符号不仅代表了中国的工业生产能力，还包括了丰富的文化内涵。随着"中国制造"在全球的风行，中国文化也为越来越多的人所知晓。

中国之所以能迅速成长为一个名副其实的制造大国，除了自身生产制造能力的提升之外，还得益于"中国制造"之低廉的成本优势。低廉的成本主要源于以下几点。

第一，人力资源优势。中国人口基数大，具有丰富的人力资源，加之改革开放后，大量农村富余劳动力转移到城市，成为支撑中国制造业迅猛发展、走向世界的坚强动力。

第二，政策支持。制造业是国家发展的根基所在，中华人民共和国成立以来，制造业一直是我国经济发展战略布局当中的重点。与此同时，国家还制定相关政策鼓励"中国制造"走出去，为出口贸易提供关税补贴。

第三，原材料优势。中国有着廉价的土地、能源及原材料，加之中国目前还处于经济社会发展的大变革时期，关于协调经济效益与环境保护二者关系的相关法律及规章制度尚不明晰，"中国制造"在环境保护上面暂时不用付出较高的经济成本。

正是基于上述优势，中国成为许多国外公司产品加工生产地的不二选择，"中国制造"亦成为大量外国消费者青睐的高性价比产品。然而,随着我国人口结构的变迁,加之我国产业结构的调整和升级,"中国制造"的低成本优势正在逐渐丧失,"中国制造"面临困境。

(二)由"中国制造"到"中国创造"成为必然

如上所述,"中国制造"尽管获得了较大发展,在国际市场上也占据了相当地位,但其发展也呈现出了大而不强、多而不精的尴尬局面,"中国制造"所依赖的优势多数不具备可持续性,不利于其长效而健康的发展。

首先,中国逐渐步入老龄化社会,这将改变我国一直以来所拥有的劳动力资源优势。全国老龄办2014年发布的《中国人口老龄化发展趋势预测研究报告》指出,人口老龄化将贯穿于21世纪中国发展的始终,该报告将21世纪中国人口老龄化分为快速老龄化、加速老龄化及重度老龄化三个阶段;到2051年,中国老年人口规模将达到峰值4.37亿,约为少儿人口数量的2倍。据报告预测,由于老龄人口比例不断增加,到2008年以后,劳动年龄人口的比例将开始下降,2020年为63.87%,2050年进一步下降到53.3%,21世纪后半叶保持在53%~54%。"十一五"期间,中国劳动年龄人口平均规模为8.18亿,2011年达到峰值8.28亿。

"未富先老""未备先老"已成为中国经济发展不得不面临的一个现实,由此将会引发消费结构、产业结构、社会管理等一系列变革,中国制造业也会因为劳动力状况的变化而不得不做出相应的调整与升级。

其次,中国的社会发展将一定程度改变制造业长期使用廉价劳动力的局面。"中国制造"长期依赖的低成本劳动力优势,也是一直为人诟病的问题。中国的劳动力有多廉价?统计显示,目前在京、沪、穗等内地大城市中,最低工资标准普遍仅为当地月平均工资的25%~40%,明显低于国际通行标准40%~60%。另一组关于中外制造业工人"平均工资"的对比也十分让人震惊:印度制造业工人平均工资是中国制造业工人平均工资的1.5倍,津巴布韦是我们的2.2倍,韩国是我们的12倍,日本是我们的29倍,美国是我们的47倍。据此,有学者无不忧心地指出:"中国的发展沾了劳动力低成本的光,一个意想不到的低成本,导致中国今天在世界上具有这样大的国际竞争力,但今天中国的劳动力低成本面临着危机。"

再次,政府对生态文明的逐步重视,会给中国制造业带来不小的压力。党的十八大报告首次专章论述生态文明,提出"推进绿色发展、循环发展、低碳发展"和"建设美丽中国"。与此同时提出"优化国土空间开发格局,全面促进资源节约,加大自然生态系统和环境保护力度,加强生态文明制度建设"四项要求,这对一直以来生产方式相对粗放的中国制造业来说,无疑是一次巨大的挑战。

最后,"中国制造"短板日益凸显。改革开放以来,中国坚持"引进来"和"走出去"战略,无论是外贸出口能力,还是吸引外资能力,都得到了质的飞跃,创造了一个又一个令人惊叹的奇迹。但是,畅销海外的"中国制造"和深受外资青睐的本土加工企业,大多数为劳动力密集型产业,中国企业事实上处于世界制造业的末端,长期从事低层次加工,是低附加值的"世界工厂"。例如,美国市场上销售的一种儿童玩具,商场的零售标价是100美元,"中国制造"的生产成本是12美元。

随着国际市场劳动力密集型企业间竞争的日益白热化,中国企业不得不再次压低原本就很低的利润空间,与此同时,中国企业还得应对来自欧盟、美国等国家和地区的"反倾销"阻击,"中国制造"处境困难。

总之,在中国经济发展所处内外环境都发生深刻变革的时期,"中国制造"面临的形势异常严峻,"中国制造"亟须产业升级,由"中国制造"向"中国创造"转变,才能应对挑战、走出困境。

第二节 大学生创新创业的环境解读

一、亟须完善的创业政策

我们可以将创业政策这一轴心节点的核心进行可视化呈现,如图2-2-1所示。

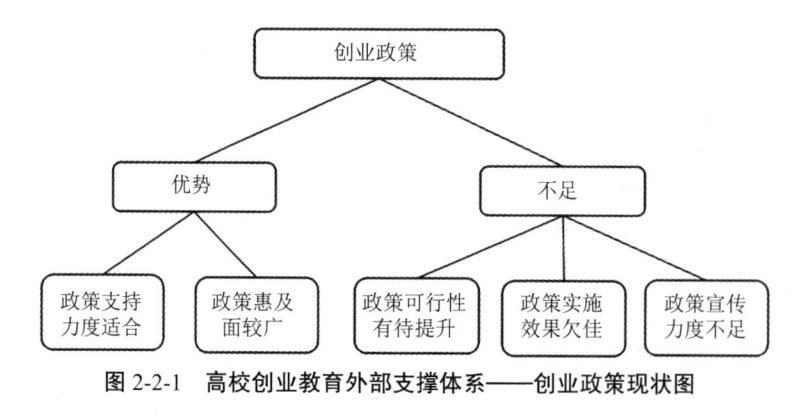

图 2-2-1 高校创业教育外部支撑体系——创业政策现状图

创业政策这一轴心节点的可视化呈现清晰、明确地勾勒了当前创业政策的发展现状：具有一定的支持力度和惠及面较广优势，然而也面临可行性不足、效果较差、宣传力度小等问题。这些问题在不同的省份都有不同程度的映射。下面将以两个省份的创业政策为例，分析我国创业政策实施效果不佳的现实原因。

广东省相继出台了《关于贯彻落实〈广东省人民政府办公厅关于促进普通高等学校毕业生就业工作的通知〉的意见》《关于鼓励创业带动就业工作的意见》《关于进一步做好小额担保贷款推动创业促就业工作的通知》等创业政策。此外，自2009年开始，广东省财政每年安排5 000万元专项资金，支持科技型中小企业发展，其中大学生创业项目作为重点支持专项，也被列入支持项目。另外，广州、深圳、佛山、东莞、中山等城市也分别对高校毕业生在自主创业咨询服务、相关登记、证件费用减免等方面给予了优惠政策。然而，创业政策之间不成体系，没有形成良好的联动与配合效应，加之存在成果转化等方面的政策空白，广州这一经济大省的大学生创业率并不高。

再以浙江省为例，关于创业教育的微观政策在各地市、各高校都存在差异，宏观的引导性政策可以追溯到21世纪初。2000年，浙江省制定颁布了《浙江省教育现代化建设纲要（2000—2020年）》，其中明确指出，高等教育要重视培养大学生的创新能力、实践能力和创业精神。在随后的2001年，《浙江省教育事业发展"十五"计划》提出"转变教育思想、教育观念，改革教学方法，采取多种形式培养学生的创新意识、创新能力、创业精神和实践能力"，创业精神的培养再一次得到强调。这些政策为后来各项创业教育事业的开展指明了方向。2006年以来，浙江省有关大学生创业的政策梳理如表2-2-1所示。

表2-2-1 浙江省出台有关大学生创业政策梳理

时间	政策名称
2006年4月	《关于加快提高自主创新能力建设创新型省份和科技强省的若干意见》
2006年6月	《关于引导和鼓励高校毕业生到农村和社区工作的实施意见》
2007年1月	《关于切实做好2007年普通高等学校毕业生就业工作的通知》
2007年11月	《中共浙江省委关于认真贯彻党的十七大精神扎实推进创业富民创新强省的决定》

续表

时间	政策名称
2008 年 1 月	《关于做好就业工作促进社会和谐的实施意见》
2009 年 4 月	《关于积极应对当前经济形势做好稳定和促进就业工作的实施意见》
2009 年 6 月	《关于对普通高等学校毕业生从事电子商务（网店）进行自主创业认定的通知》
2010 年 1 月	《关于促进中小企业加快创业创新发展的若干意见》
2010 年 6 月	《关于实施高校毕业生就业推进行动大力促进高校毕业生就业的通知》
2011 年 5 月	《浙江省促进就业资金管理办法》
2011 年 8 月	《关于进一步做好普通高等学校毕业生就业工作的意见》
2013 年 7 月	《浙江省人民政府办公厅关于促进普通高等学校毕业生就业创业的实施意见》

从表 2-2-1 中可以发现，浙江省扶持大学生创业的政策较详细。通过对政策文本的详细研读，可以发现，该省的鼓励措施较多，优惠力度较大，在创业教育政策支持方面走在我国前列。然而，笔者通过访谈发现，很多学生由于没有创业计划，对创业政策关心不够，即使有计划创业的学生也仅仅了解政府政策给予大学生在税收和贷款方面的优惠，对于减免力度、年限范围、申请手续等知之甚少。教师一般认为创业政策扶持力度合适或较强，为有志于创业的大学生提供了较多便利，如免征企业所得税和支持贷款项目。然而学生一般认为创业支持力度远远不够，政府会因为某些创业项目有风险，或是创业项目不能创造丰厚社会价值而不扶持，对知识产权的政策不够明朗等。这从另一个侧面反映出创业政策在潜在创业学生群体中的宣传力度不够。

二、褒贬不一的创业基金

我们可以将创业基金这一轴心节点的核心进行可视化呈现，如图 2-2-2 所示。

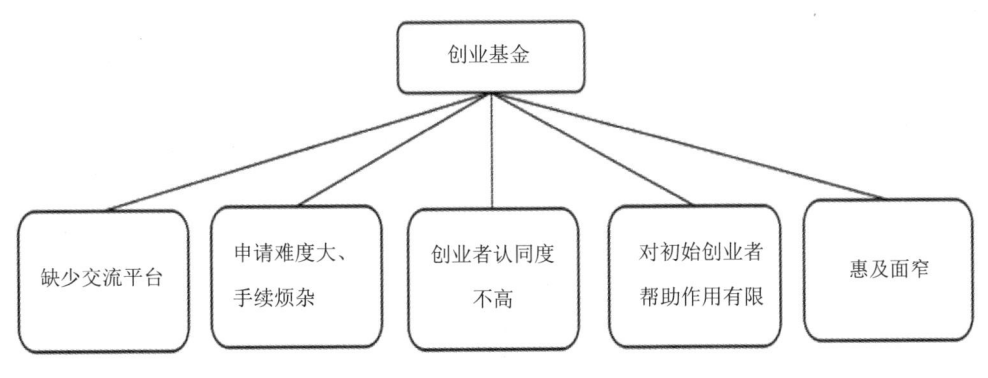

图 2-2-2 高校创业教育外部支撑体系——创业基金现状图

（创业基金：缺少交流平台；申请难度大、手续烦杂；创业者认同度不高；对初始创业者帮助作用有限；惠及面窄）

上图体现出目前创业基金的发展现状：由于申请难度较高、认同度低以及基金提供方与申请方信息不对称等原因，创业基金发展面临窘境。

申请创业基金的门槛较高，所以大学生对其认同度较低。相比于创业政策，大学生对创业基金更为陌生，较多人表示对创业基金只有间接了解，只能说出创业基金的主要功能，而对于创业基金的种类、申请流程和成功概率等了解不足。这从一个角度说明了目前创业基金的市场覆盖面不大，支持大学生创业的项目并不多见；另外，学生对创业基金已经形成一种共识——基金的利益导向非常明显。即使是天使基金，在大学生中口碑也并不好。大学生往往认为申请这些基金的门槛较高，通常只有互联网领域中有较好创业前景与潜力的项目，或者是该行业即将迎来行业高峰的项目才会得到创业基金的青睐。

以浙江省为例，目前活跃度较高、知名度较广的创业基金主要有浙江省青年创业就业基金、浙江省大学生科技创新基金、西湖星巢天使投资基金等（表2-2-2）。浙江省不同地区都有出台相关政策，提供创业资金，一些高校也与企业建立合作关系，获得部分资金支持。表 2-2-2 列出了其中较有代表性的几项创业基金。综观浙江省的创业基金，可以发现它们具有一些共同之处：一方面是官方色彩浓厚，缺乏市场活力，大部分创业基金受政府和党委、团委管辖，相比较而言，市场气息体现不足；另一方面是起点较高，偏爱高科技研究型创业项目，普通项目难以获得创业基金的青睐。

表 2-2-2 浙江省较有代表性的创业基金

创业基金名称	设立时间	主管(办)单位	主要特征	主要投资措施
星巢青年创业基金	2006 年	飞耀控股集团	与共青团浙江省委、省政府、省学联、共青团杭州市团委等多家单位联合管理	◆无息借款形式发放创业基金，不超过一年返还，额度不超过 30 万 ◆提供创业导师、媒体支持、法律等各方面资源
浙江省大学生科技创新基金	2008 年 7 月	浙江省政府	青睐科技创业团队和高水平创新研究团队	每年 500 万元用于：600 个大学生科技创新项目遴选；200 个大学生创新项目进行孵化；200 个大学生科技创新推广项目
浙江省创业风险投资引导基金	2009 年 3 月	浙江省政府	扶持创业投资企业，即引导创业投资基金	已参与投资合胜基金、赛康基金、浙大创新等 10 个项目
浙江省青年创业就业基金	2009 年 12 月	共青团浙江省委	由浙江省青少年事务所发起，原始基金由 15 家企业共同出资	◆"创业浙江"青年创业创新项目竞赛 ◆浙江青年创业创新行动扬帆工程 ◆建立大学生创业实践基地 ◆设立浙江省供销创业合作发展基金
西湖星巢天使投资基金	2010 年 1 月	共青团浙江省委、杭州市西湖区人民政府	浙江省首个大学生创业天使投资基金	◆投资那些有比较好的商业模式、科技含量高，并且有良好市场可行性的项目 ◆推荐资深的创业导师担任营运辅导工作
杭州市科技创业种子资金	2010 年 4 月	杭州市政府	资助经市级以上科技行政部门认定的科技企业孵化器内的孵化项目	每年度 1—2 批科技创业种子资金发放

又如，上海市大学生科技创业基金会是扶持大学生创业的公益机构，自2006年成立以来，一直秉承"鼓励创新创业，完善创新环境；推动成果转化，促进教育改革；激发创新潜能，造就创新人才"的宗旨，运用专业化团队，汇聚社会资源，在创业文化、创业研究、创业教育和创业项目等领域开展重点工作。通过"创业雏鹰计划"和"创业雄鹰计划"，目前已经资助创业项目700余项。该基金允许在校生和毕业5年内的学生申请，但是，700余项的天使基金仍难以满足众多创业团队的资金需求。据该基金会官方统计，资助项目不到受理项目的1/4。从该基金投资的项目行业来看，互联网技术与互联网行业最受青睐。

相对于贸易等传统行业，新能源、新农业、新材料和生物医药等行业更容易获得天使基金。目前私募股权投资和风险投资对大学生创业项目几乎不感兴趣。众多大学生创业者希望创业基金能够降低门槛，兼顾科技创业与非科技创业、互联网领域与传统领域。

总之，创业基金的发展境遇不尽如人意。创业基金与大学生创业团队之间存在着无形的障碍，例如大学生创业者对创业基金的申请途径和申请流程不熟悉，对创业基金的价值认同度较低，创业基金的市场活力尚有提高的空间，创业项目的档次和水平与创业基金的准入条件不匹配等。大学生创业团队面临着创业基金的真空环境，难以呼吸到空气。事实上，最终能够获取基金的团队并不多，很多大学生创业项目就因为呼吸不到空气而失去了生命力。无论是政府、高校还是创投，都应该去思考如何打破瓶颈，为大学生创业团队提供更多机遇。

三、营造良好的创业氛围

我们可以将创业氛围这一轴心节点的核心进行可视化呈现，如图2-2-3所示。

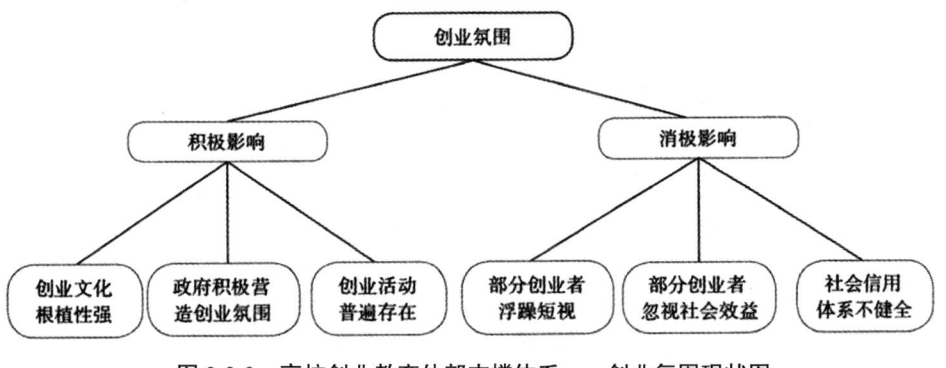

图2-2-3 高校创业教育外部支撑体系——创业氛围现状图

创业氛围的浓郁主要体现在创业传统文化的积淀、开放创新的观念、自力更生的民企和政府政策的支持。此外，也有少部分受访者谈到资金扶持和创业孵化支持是创业氛围浓郁的重要因素。从访谈材料中可以发现，营造创业氛围的现实障碍包括：较多的大学生创业将视野锁定和局限在物质层面，注重个人收益，忽视社会效益；创业项目缺少技术支撑，创业总体水平较低给整个创业氛围降低了层次；社会信用体系不够健全，知识产权保护力度不够。

创业氛围对创业教育体系的构建与高校创业教育发展的支撑作用并没有达到最大。整个社会对创业的风险性的认知度严重不足。相较于稳定、安逸的公务员岗位，众多的家长和学生都不会将创业作为毕业后的选择。据统计，高校学生对公务员岗位十分热衷。不过，不同地区受到这种文化影响的程度不尽相同。比如，华东部分地区相比于其他地区，较早地冲出了这种传统文化的桎梏。然而，在现代社会发展进程中，区域型的创业文化与商业精神并没有辐射到更广泛的范围，如有"丝绸之府，鱼米之乡"之美誉的浙北地区，以享乐和安逸为代表的地区文化在一定程度上阻碍了奋斗拼搏的创业商业文化的发展。

校园是大学生学习和生活的主要场所，校园文化对大学生价值观的形成具有重要意义。校园文化是以校园为空间，以育人为导向的精神环境和文化氛围，例如学校建筑景观、校史、校歌、校训和学生活动等。校园文化潜移默化地影响着大学生的世界观和人生观。完善校园文化建设，引导形成团结合作、开拓进取、乐于奉献、鼓励创新和容忍失败的文化氛围，将有助于校园创业文化的建设。校园创业文化是校园文化中有关创新创业活动的有机组成部分，包含创业物质文化、创业行为文化、创业制度文化和创业精神文化四个部分，在塑造主体追求创新的品格、促进主体的社会化、培养主体富于开拓的精神风貌以及健全积极的心理、培育主体的风险承担意识、增强主体的社会责任感等方面都有着独到的作用，对于培养主体的创业精神、创业意识和创业能力更是有着不可替代的功用。然而，我国高校并未充分认识到这一点，校区的物质建设往往考虑实用性较多，考虑文化性较少。校园文化的建设也往往处于高校治理中极易被忽视的边缘地位。

总的来说，东部沿海部分省市的创业氛围相比较于其他省份具有天然优势和传统优势，思想开放、敢于接受新鲜事物的创业精神也给这些地区的创业文化氛围奠定了基础。但从总体上来说，贪图安逸、追求稳定、缺少拼搏精神与吃苦精神的社会文化也在一定程度上存在，高校对学校的创业文化氛围重视不够,并且整个社会创新创业的文化氛围也不够浓厚,这些都不利于全社会创业风气的形成。

四、银保监会助力小微企业融资

在2015中国普惠金融国际论坛上,银保监会负责人透露,正研究投贷联动机制、完善互联网借贷监管细则,助力解决小微企业"融资难"的问题。

"收益低、成本高、风险大"往往用来描述普惠金融覆盖到的很多客户领域,这些特点一定程度上阻碍着银行业为偏远地区的、低收入的个人和各类小微企业提供服务。

银保监会普惠金融部主任李均峰透露,互联网金融、网络借贷创新性强,能够覆盖更多的小微企业和个人的借贷需求,监管部门支持互联网企业发展金融业务,利用技术优势助力解决小微企业"融资难"问题。

原银监会副主席周慕冰也肯定了P2P(互联网借贷平台)网贷公司等新型金融机构为小微企业金融服务所做出的贡献。他表示,发展普惠金融还需要政府、企业、社会组织、银行等各司其职。其中,政府部门的作用不容忽视。

周慕冰表示,小微企业金融服务是一项复杂的系统工程,需要财税、司法、监管和相关产业主管部门等共同拿出有效的政策手段,持续改善金融生态。现有的各类扶持政策已初成体系,其效果值得肯定。但客观看来,政策的协同性和衔接度还有待提高。

此外,银保监会普惠金融部主任李均峰表示,未来将加大对商业银行普惠金融的考核力度。商业银行要实现普惠金融的可持续发展,必须有多方面的支持。

五、创新创业大赛

在大学生创新创业浪潮的影响下,为了鼓励、推动大学生创新创业,在全国范围内开展了大量的创新创业大赛。在创新创业大赛中,大学生不仅仅可以实现自己的创业蓝图,同时也能够在一定程度上获得专家的指导,这为大学生创新创业的开展提供了一定的便利。接下来对目前我国主要的大学生创新创业大赛展开论述。

（一）中国"互联网+"大学生创新创业大赛

1. 大赛简介

中国"互联网+"大学生创新创业大赛首次举办于2014年，第一届到第四届大赛累计有490万名大学生、119万个团队参赛，其中，第四届的参赛大学生和参赛团队数量是以往3届的总和。目前，该大赛已经成为覆盖全国所有高校、面向全体高校学生、影响巨大的赛事活动之一。

由于每届大赛的主题、赛道、参赛组别有所不同，下面将以第五届中国"互联网+"大学生创新创业大赛为例，对大赛的相关信息进行介绍。

第五届中国"互联网+"大学生创新创业大赛定于2019年3月至10月举办，以"敢为人先放飞青春梦，勇立潮头建功新时代"为主题，由教育部与有关部委主办，浙江大学和杭州市人民政府承办。截至7月30日，报名参赛团队有108.8万个，共计455.9万名大学生。其中，国际赛道网络报名团队1 374个，覆盖92个国家。

该大赛旨在深入贯彻落实全国教育大会精神，加快培养创新创业人才，持续激发大学生创新创业热情，展示创新创业教育成果，搭建大学生创新创业项目与社会资源对接平台。

2. 大赛特色及目的

（1）大赛特色

第五届大赛将力争做到"5个更"。

①更全面。做强高教版块、做优职教版块、做大国际版块、探索萌芽版块，探索形成各学段有机衔接的创新创业教育链条，实现区域、学校、学生类型全覆盖。

②更国际。拓展国际赛道，深化国际交流合作，深度融入全球创新创业浪潮。

③更中国。以大赛为载体，推出创新创业教育的中国经验、中国模式，提升我国高等教育的影响力、感召力、塑造力。

④更教育。促进创新创业教育与思想政治教育、专业教育、体育、美育、劳动教育紧密结合，构建德智体美劳"五育平台"，上好一堂最大的创新创业课；深入开展"青年红色筑梦之旅"活动，上好一堂最大的国情思政课。

⑤更创新。广泛开展大学生和中学生创新活动，助推科研成果转化应用，服务国家创新发展。

（2）大赛目的

第五届大赛的举办目的主要体现在以下3个方面。

①以赛促学，培养创新创业生力军。大赛旨在激发学生的创造力，培养造就"大众创业、万众创新"的生力军。鼓励广大青年扎根中国大地了解国情民情，在创新创业中增长智慧才干，在艰苦奋斗中锤炼意志品质，把激昂的青春梦融入伟大的中国梦，努力成长为德才兼备的有为人才。

②以赛促教，探索素质教育新途径。把大赛作为深化创新创业教育改革的重要抓手，引导各地、各高校主动服务国家战略和区域发展，开展课程体系、教学方法、教师能力、管理制度等方面的综合改革。以大赛为牵引，带动职业教育、基础教育，深化教学改革，全面推进素质教育，切实提高学生的创新精神、创业意识和创新创业能力。

③以赛促创，搭建成果转化新平台。推动赛事成果转化和产学研用紧密结合，促进"互联网+"新业态形成、服务经济高质量发展。以创新引领创业、以创业带动就业，努力形成高校毕业生更高质量创业就业的新局面。

（二）"创青春"全国大学生创业大赛

"创青春"全国大学生创业大赛（以下简称"'创青春'大赛"）是由中国共产主义青年团中央委员会、中华人民共和国教育部、中华人民共和国人力资源和社会保障部、中国科学技术协会、中华全国学生联合会和地方省级人民政府主办，中华人民共和国工业和信息化部、国务院国有资产监督管理委员会、中华全国工商业联合会支持的一项具有导向性、示范性和群众性的创业竞赛活动。该大赛每两年举办一届，首届举办时间为2014年。

"创青春"大赛每届的主要比赛形式和内容基本相同，但大赛组别、大赛主题、奖项设置有所差异。下面将以2018年"创青春"大赛为例来介绍该赛事的相关内容。

本界"创青春"大赛以"青春建功新时代，创业追梦新征程"为主题，其宗旨是培养创新意识、启迪创意思维、提升创造能力、造就创业人才。

"创青春"大赛设立了大学生创业计划竞赛（即"挑战杯"中国大学生创业计划竞赛）、创业实践挑战赛、公益创业赛3项主体赛事。

①大学生创业计划竞赛面向高等学校在校学生，以创业计划书、现场答辩等作为参赛项目的主要评价内容。

②创业实践挑战赛面向高等学校在校学生或毕业未满3年且已投入实际创业3个月以上的高校毕业生，以经营状况、发展前景等为参赛项目的主要评价内容。

③公益创业赛面向高等学校在校学生，以创办非营利性质社会组织的计划和实践等为参赛项目的主要评价内容。

以上3项主体赛事需通过组织省级预赛或评审后进行选拔报送。全国组织委员会聘请专家评定出具备一定操作性、应用性，以及具有良好市场潜力、社会价值和发展前景的优秀项目，并且给予奖励。

"创青春"大赛设立全国组织委员会，由主办单位、支持单位、承办单位的有关负责人组成，负责大赛各项工作的组织开展。另外，组织委员会下设立秘书处，负责大赛的日常事务。

（三）中国创新创业大赛

中国创新创业大赛是由中华人民共和国科学技术部、中华人民共和国财政部、中华人民共和国教育部、中共中央网络安全和信息化委员会办公室、中华全国工商业联合会共同指导举办的一项以"科技创新，成就大业"为主题的全国性创业比赛。

中国创新创业大赛的指导委员会由创投领域的专业人士、企业家和行业专家组成，每一届赛事的内容基本相同。下面将以第八届中国创新创业大赛为例，介绍该赛事的具体内容。

中国创新创业大赛分地方赛、全国总决赛两个阶段。地方赛由省级科技管理部门负责牵头组织，优胜企业按分配名额入围全国总决赛；全国总决赛分新材料、新能源及节能环保、生物医药、电子信息、先进制造、互联网6个行业进行比赛。下面将对中国创新创业大赛的运作模式、帮扶政策和专业赛事3个方面进行介绍。

1. 中国创新创业大赛的运作模式

中国创新创业大赛采用"政府主导、公益支持、市场机制"的方式，旨在搭建为创新创业服务的公共平台，弘扬创新创业文化，营造良好的创新创业氛围，支持中小微企业的创新发展，推进大众创业、万众创新。

第一，中国创新创业大赛按照企业组和团队组进行比赛。企业和团队可登录中国创新创业大赛官方网站直接报名。参赛企业和团队应对报名信息的真实性、准确性负责。该赛事不向参赛企业和团队收取任何费用。

第二，参赛的优秀企业和团队，有望获得合作银行的授信、创投基金的投资、股改和上市方面的培训、创业导师的辅导，以及中国创新创业大赛创新创业扶持资金的支持。

2. 帮扶政策

每个行业在总决赛中获得前三名的团队，并于2017年3月1日前在国内注册成立企业的，可获得创新创业扶持资金的支持。另外，对于优秀的企业和团队，该赛事也提供了相应的支持政策。

（1）优秀企业支持政策

对于优秀企业，中国创新创业大赛给予的支持政策如下。

①择优推荐给国家中小企业发展基金设立的子基金、国家科技成果转化引导基金设立的子基金、科技型中小企业创业投资引导基金设立的子基金、中国互联网投资基金等国家级投资基金。

②该赛事合作银行择优给予企业贷款授信支持。

③择优推荐参加"创新人才推进计划"等相关计划的评选，以及相关展览交流等活动。

④获得创业政策、创业融资、商业模式等方面的免费培训。

⑤免费获得并购、股改和上市等辅导培训。

⑥地方政府和机构给予配套政策支持。

（2）优秀团队支持政策

对于优秀团队，中国创新创业大赛给予的支持政策如下。

①获得创业导师的针对性辅导。

②选择在孵化园、大学科技园落户的，给予一定时期免收房租等优惠政策支持。

③优先推荐给大赛投资基金和创业投资机构。

④获得创业政策、创业融资、商业模式等方面的免费创业培训。

⑤地方政府和机构给予配套政策支持。

3. 专业赛事

中国创新创业大赛设有专业赛事，各专业赛事由牵头举办单位负责，与地方赛、全国总决赛相互独立，产生的优胜者不晋级全国行业总决赛。各专业赛单独举办，组织方案和服务政策将在官网进行公示，报名者应满足相关专业赛条件、遵从相关专业赛比赛规则。专业赛事均不向参赛者收取任何参赛费用。

专业赛事有以下 7 种。

①由中国科协牵头举办的中国创新创业大赛中国创新方法大赛。

②由科技部火炬中心牵头举办的中国创新创业大赛军民融合专业赛。

③由科技部火炬中心牵头举办的中国创新创业大赛大中小企业融通专业赛。

④由广东省科技厅牵头举办的中国创新创业大赛港澳台赛。

⑤由内蒙古自治区科技厅牵头举办的中国创新创业大赛沙产业大赛。

⑥由中国电动汽车百人会牵头举办的中国创新创业大赛新能源智能汽车及交通出行产业生态大赛。

⑦由第三代半导体产业技术创新战略联盟牵头举办的中国创新创业大赛国际第三代半导体创新创业大赛。

（四）全国大学生电子商务"创新、创意及创业"挑战赛

全国大学生电子商务"创新、创意及创业"挑战赛（以下简称"三创赛"）是由教育部高等学校电子商务专业教学指导委员会面向全国高校（含港澳台地区）举办的大学生竞赛项目，是中华人民共和国教育部、中华人民共和国财政部"高等学校本科教学质量与教学改革工程"重点支持项目。

"三创赛"是激发大学生兴趣与潜能，培养大学生创新意识、创意思维、创业能力和团队协同实战精神的学科性竞赛。它是由中华人民共和国教育部主管，教育部高等学校电子商务类专业教学指导委员会主办，"三创赛"竞赛组织委员会、全国决赛承办单位、分省选拔赛承办单位和参赛学校组织实施的全国性竞赛。该竞赛分为校级赛、省级选拔赛和全国总决赛三级赛事。

所有参赛学校、队伍都必须在"三创赛"官方网站（全国大学生电子商务"创新、创意及创业"挑战赛）上统一进行注册，以便规范管理和提供必要的服务。参赛队伍报名时应填写参赛队伍及助赛亲友情况，参赛题目可以在报名时间截止前确定。所有参赛队伍必须由本校"三创赛"负责人在官网上对参赛队伍进行审核通过。

获得正式注册的参赛队伍须在校级赛之前10个工作日内在官网上传参赛作品摘要。摘要内容包括项目背景意义、主要内容、成果、创新点，描述文字在100字以上300字以下，摘要可持续更新。为保证各级竞赛的一致性，参赛题目、人员组成（包括指导教师及参赛学生）等基本信息在校级赛负责人审核时间截止后，一律不予以修改。

第三章 大学生创新创业的能力培养

大学生创新创业并不是一蹴而就的，创新创业能力是保障大学生创新创业成功的关键因素。

第一节 大学生创新创业意识培养

一、大学生创新创业意识培养的重要内容

（一）以理想信念培养为前提的创新创业意识培养

创新创业意识同理想信念结合起来既能够帮助学生树立建设中国特色社会主义的理想信念，从而实现中华民族伟大复兴的中国梦，又可以激发他们的学习力和创造力。高校思想政治教育可以增强学生创新创业的信心，培养他们的社会责任感，鼓励他们为祖国的繁荣昌盛贡献自己的一份力量。作为高校思想政治教育的一个重要的组成部分，理想信念教育可以帮助学生确立奋斗目标、树立正确的人生理想。理想信念教育主要由四个元素组成，即人生理想、道德理想、职业理想、社会理想。从大学生这一群体的本质来看，他们敢于提出问题，具有冒险主义精神，勇于质疑传统和大胆想象。在创新创业氛围的不断熏陶之下，高校将会重点培养学生的创新创业精神和意识，激发他们创新创业的热情，增强他们创新创业的信心，为他们提供创新创业的机会。如果有学生在创新创业的过程中遇到困难和挫折就停滞不前、不知所措，那么他们失去的不仅仅是创新创业的主动权，甚至是人生理想和美好的未来，他们的人生观和价值观将变得越来越消极。因此，在大学生创新创业指导工作中融入理想信念教育，能够提升学生的思想素质，使他们拥有更加敏捷的思维，紧紧把握住时代精神，为最终走上创新创业之路做好充足的准备。

（二）以自我意识培养为基础的创新创业意识培养

近年来，我国的综合实力不断增强，人们就业的渠道也越来越广泛。在这样的背景下，国家提出支持大学生创新创业的政策，许多大学生响应国家政策走上了创新创业之路，并赚到了人生的第一桶金。因此，对于大学生来说，具有创新创业所需的精神力量和自我意识是极其重要的。

那么自我意识指的是什么呢？首先是自我认知。大学生要正确地知道自己的兴趣所在，了解创新创业需要的个人条件和专业技能。其次是对自己做出客观的评价。大学生要客观地评价自己是否具有创新创业的潜质和创新创业的条件。最后是不断地提升自我和关注自身的成长。当自己存在不足的时候，大学生要努力提升自我，通过不断的学习和历练提升创新创业素质。目前，很多大学生存在跟风的心理，认为创新创业是一件很时髦的事，殊不知创新创业极具挑战性。他们对创新创业了解得还不够全面，不清楚创新创业者都应该具备哪些素质。此外，他们对自己了解得也不够清楚，不清楚自己喜欢什么、特长是什么、有什么样的能力。这些都阻碍了大学生创新创业素质的提升，阻碍了对大学生创新创业潜质的挖掘。在培养大学生创新创业意识的过程中，高校要结合思想政治教育课程体系，提高大学生的自我认知水平、增强大学生自我意识，使大学生群体成为我国创新创业的主力军。大学生在创新创业的过程中，要通过不断地实践来挖掘自身的创新创业潜能，不断地提升自身的创新创业素质，以实现创新创业的理想。

（三）以意志品质培养为核心的创新创业意识培养

创新创业并不是很多人想象的那么容易，它需要事先做好计划和组织，运营的过程中还会遇到很多风险、困难、挫折，甚至是一次又一次的失败。只有具备良好的意志品质，创新创业者才能够从困难、挫折，甚至是失败中走出来，坚持自己的理想，并最终走向成功。大学生还没有步入社会，没有丰富的经验和阅历，一旦在创新创业的过程中遇到了困难和挫折，很容易产生畏难情绪，开始怀疑自己的能力，打退堂鼓，逃避拖延，甚至会产生投机心理，不去积极地想办法解决难题，反而会消极应对，这大大影响了创新创业活动的正常开展。当意识、能力、资金等条件相同的时候，为什么有的人成功了，有的人却失败了呢？归根到底还是意志品质对个人的影响。坚强的意志和良好的品质是一名成功的创新创业者必须具备的素质。有了它们，才能够在创新创业的道路上披荆斩棘、奋勇向前，不断磨炼自己的意志，坚定信念，最终获得成功。强大的意志力和顽强的精神能够帮助我们战胜创新创业路上的千难万阻，实现创新创业梦想，收获人生宝贵的经验。

大学生在日常的学习和生活中经常会遇到一些心理问题，高校思想政治教育课程体系能够及时缓解他们的心理压力，排解他们的忧愁，培养他们适应环境的能力，完善他们的人格，教会他们如何保持乐观向上的心态、积极健康地面对生活，同时使他们学会自我调节。心理健康教育有着广泛的覆盖面，教学内容也十分丰富，介绍成功人士和他们创新创业的案例可以培养大学生良好的意志品质。将心理健康教育和创新创业教育融入高校思想政治教育课程体系，既调整了大学生的创新创业心态，又培养了他们不怕困难、勇于面对挫折的优秀品质，为创新创业打下坚实的心理基础。良好的创业心理品质主要有勇敢自信、独立思考、积极行动、交流合作、敢于拼搏，它们能在创新创业实践活动中起调节作用，使创新创业者以最佳的状态去面对困难和挫折，以百折不挠的精神意志为桨，朝着理想的方向不断前进，更快地到达成功的彼岸。

二、大学生创新创业意识培养的对策

（一）加强理想信念教育，引导大学生树立创新创业目标

高校除了在课堂上对学生进行理想信念教育以外，还可以通过实践活动来展开理想信念教育。高校可以通过丰富的实践活动来激发学生的创业热情，帮助他们树立远大的创业理想。高校应该定期组织学生参观爱国主义教育基地，让他们认识到是无数先辈的无悔付出才有了我们今天日益强大的祖国，这种自强不息的民族精神将代代相传。我们将坚定不移地加快改革创新，实现全面建成小康社会的目标，集中力量进行社会主义现代化建设，从而实现中华民族伟大复兴的中国梦。一些高校还可以与企业取得联系，让学生走进企业，了解新技术、新方法给企业带来的发展动力，切实感受创新创业产生的社会价值。高校还要为学生和创新创业者搭建沟通交流的平台，让学生了解创新创业的全过程，帮助他们树立创新创业目标。

（二）加强政策教育，激发大学生创新创业热情

近年来，我国为了促进大学生创新创业出台了一系列的扶持政策，各地方政府也出台了一些配套政策，从贷款、技术、税收等方面鼓励和支持大学生创新创业，减轻他们的负担。例如，国务院办公厅发出通知，规定凡高校毕业生从事个体经营的，除国家限制的行业外，自工商部门批准其经营之日起1年内免交登记类和管理类的各项行政事业性收费。符合条件的大学生自主创业项目可在创业地

按规定申请创业担保贷款，额度为10万元。对大学生在毕业学年内参加创业培训的，根据其获得创业培训合格证书或就业、创业情况，按规定给予培训补贴。毕业2年以内的普通高校学生从事个体经营，3年内免收其管理类、登记类和证照类等有关行政事业性收费。各地方政府也相继出台了多项支持大学生创新创业的举措。例如，上海市为大学生创业提供"天使基金"，大学生开办企业可获5万—30万元支持，即使奋斗失败也无须赔偿损失。江西省规定，高校学生如果申请休学创业，最多可保留7年学籍，地方财政每年投入1 000万元支持青年创业，并重点支持1 000名大学生返乡创业。杭州市规定，大学生如果需要创业，最多可以申请到20万元无偿资助，并且为大学生在大学生创业园提供2年50平方米的免费用房，等等。

（三）加强职业生涯规划教育，提升大学生自我认知水平

什么是职业生涯规划呢？职业生涯规划指的是通过对个人主客观条件如兴趣、特长、能力和时代环境等进行测定、分析，总结出适合的行业倾向及职业目标，并为实现这一科学目标，对其自身的职业生涯乃至人生进行系统计划的过程。大学生职业生涯规划就是指大学生在自己兴趣、爱好的前提下及认真分析个人性格特征的基础上，结合自己的专业特长和知识结构，对将来从事工作所做的方向性的方案。大学生在走向社会前，要将现实环境和长远规划相结合，给自己的职业生涯一个清晰的定位。高校应该根据大学生创新创业的现状适时地改进职业生涯规划培养方案，利用科学的测评体系让学生清楚地了解自己的创新创业水平，以便展开差异化教学。教师应根据学生自身的兴趣和特点引导他们选择创新创业的方向，挖掘他们的创业潜能，帮助他们发挥自身优势、补足自身短板、不断增强创新创业的能力和技能。

第二节 大学生创新思维能力提升

思路决定出路，创新改变命运。创新是一个民族进步的灵魂，是一个国家兴旺发达的不竭动力，也是中华民族最深沉的民族禀赋。

现在我们已经进入了一个不断创新发展的时代，谁不能保持创新，谁就会被社会所淘汰。创新是不竭发展的动力，创新是不断前进的引擎。因此，具备创新的能力、拥有创新的思维和掌握创新的方法就显得尤为重要。

一、创新理念培养

什么是创新？创新就是在已有事物或观点的基础上，提出独特的、新颖的，且富有成效的见解思维。创新是对既往的超越，是人类独创力、扩张力和智慧力的一种表现形式，具有智能性、社会性和团队性等主要特征。创新是推动民族进步和社会发展的不竭动力，创新也是引领发展的第一动力。人类的历史就是一部不断创造和创新的历史。

创新是引领企业发展的第一动力，管理要靠创新改变，经营要靠创新拓展，产品要靠创新延续。创新就是要抛弃旧的、创立新的，创新可以在原有理论的基础上创立新的理论，可以在原有方法的基础上提出新的方法，可以在原有产品的基础上设计制造出新的产品，可以在原有服务模式的基础上提出新的服务模式。每个人要想不被社会淘汰，要想跟上时代的步伐，就要拥有创新的理念，时刻思考如何创新、能否创新、怎么创新，通过创新开辟一条新的通道。

二、创新意识培养

每个人都具有潜在的创新能力，但创新能力也是可以后天激发，并通过培训不断得到提高的。创新无时不在、无处不有，关键是要有创新的意识。很多人不想去创新，也不想去改变什么，即没有创新的意识。如果我们每时每刻都想着去创新，时刻保持着想创新的思想状态，就初步具备了创新意识。创新意识是可以训练的。首先，我们可以从改变现状的角度去尝试创新；其次，从专利开发的角度去训练创新意识也很有效。此外，创新意识还可以从技术创新的角度去训练，如在原有生产技术的基础上，采用一些新技术、新工艺去实现生产技术的创新。

三、创新思维培养

创新思维是一种超越性智慧，它表现为思维的跳跃，它在人的思考中实现超越。创新思维包括战略思维、逆向思维、发散思维、聚合思维和跨界思维五种主要表现形式。

（一）战略思维培养

战略思维指的是"求远"，在时间上谋划长远，在空间上谋划全面，在地域上谋划完整。战略思维要有方向性、全面性、统筹性，要围绕未来发展的方向去设计和思考。古人云："不谋万世者不足谋一时，不谋全局者不足谋一域。"战略性思维是我们常用到的一种创新思维模式。企业家一般都具有战略思维定式，他们会针对市场环境和政策环境的现状以及发生的变化，敏锐地捕捉到市场商业机会，从组织架构、岗位设置、人才招聘、产品研发、市场销售、企业发展、资源配置等多方面进行统筹的战略思考，制订公司的发展战略和市场策略。政府领导一般也都具备战略思维定式，会针对当年的重点工作任务，对目标制订、任务实施、流程监控、措施保障、成效跟踪等进行统筹的思考和规划。我们在策划创业项目时，也应该训练这种战略思维，从长远的角度去规划和发展项目。

（二）逆向思维培养

逆向思维指的是"求异"，也叫求异思维，是指从反方向去考虑问题，要反其道而行之。逆向思维是对司空见惯的似乎已成定论的事物或观点反过来思考的一种思维方式。当大家都朝着一个固定的思维方向思考问题时，有人却独自朝相反的方向思索，这样的思维方式就是逆向思维。古人云："将欲取之，必先予之。""舍得"就是先舍后得，没有前面的"舍"哪有后面的"得"。历史上被传为佳话的司马光砸缸救落水儿童的故事就很好地运用了逆向思维来解决问题。由于司马光不能通过爬进缸中救人的手段解决问题，因而他就采用另一手段，砸破水缸救人。进而顺利地解决了问题，这就是逆向思维的成功实践。我们可以将逆向思维用于创业项目的策划训练中。

（三）发散思维培养

发散思维指的是"求多"，就是在现有基础上尽可能多地进行发散思维，在产品功能、所用技术、产品用途和文化内涵等方面利用加法的形式去思考，例如，能否增加一些新的功能、能否采用一些新的技术、能否扩大产品的用途、能否赋予一些新的文化元素等。发散思维可以是一个维度的发散，也可以是多个维度的共同发散。发散的维度越多，发散的内容就越丰富，产品的创新性也越多样化。发散思维可以很好地应用在创业培训中。

（四）聚合思维培养

聚合思维指的是"求专"，就是在现有基础上进一步聚合、聚焦。在产品尺寸、产品重量、产品结构、产品功能、产品用途等方面，用减法去考虑能否减掉一些什么，去繁从简，精益求精，把多余的东西适度去掉一些。我们可以将聚合思维应用在创业培训中。

（五）跨界思维培养

跨界思维指的是"求融"，就是在现有基础上寻求融合的边界效应，实现创新。跨界可以跨领域、跨地区、跨人群、跨性别。例如，教育和科技联系紧密，科技离不开教育，教育中蕴含科技。如何在教育与科技的边界效应下实现跨界融合与创新突破，就需要我们有跨界的思维，围绕教育中涉及的知识原理、科学技能、教育方法和教育模式等方面进行创新。

第三节　大学生创业决策能力提升

创业决策作为一种特殊的创业意识，并不是创业者对创业实践的主观感受、心理体验、价值判断和理性抽象，而是围绕创业目的展开的预测、决策、计划和控制等一系列更具体的思维过程。显然，要深刻把握创业意识的丰富内涵和功能，仅仅研究心理、观念和理论等问题是远远不够的，还要进一步掌握创业决策过程及其功能。只有这样，学生才可能真正将抽象的理论和观念转化为可操作的思想工具。

一、创业预测

决策作为创业的重要职能和创业过程的起点，是由一系列复杂的超前思维活动构成的。它首先表现为创业预测。只有在预测未来的基础上，创业者才可能确定创业的目的，制订、选择和计划实现某一目的的行动方案，从而使创业成为可能。研究预测是考察决策思维过程的起点。

所谓预测，是指人们运用在以往实践基础上形成的经验、理论和方法，对事物发展的未来趋势的分析、论证、推测和预料。创业预测则是创业者运用自己过去的工作经验和理论，通过搜集有关信息，推测、预料创业系统在未来将面临哪些问题，其发展前景如何，有哪些可能发生的情况，以及其中哪一种可能性最大，从而为决策提供依据。

预测作为人类的一种超前思维，是随同认识活动一起产生的。"凡事预则立，不预则废。"随着人类实践能力和认识水平的提高，预测在近代有了质的飞跃。近代科学之所以有高速的发展，是同科学幻想和科学预测直接相关的。例如，门捷列夫利用元素周期表规律对新元素进行预测，就是科学的预测。

创业预测是一项十分艰巨的认识活动。创业预测的方法很多，有凭经验的预测和凭理论的预测，也有定性的预测和定量的预测。当内外环境变动不大，预测的目标时间又很短时，创业者凭经验就可以进行预测。而如果内外环境变化明显，预测目标时间较长，就不能仅仅凭个人经验而应集中各方面力量、严格按科学方法进行预测。

二、创业决策

决策是一个发现问题、分析问题、确立目标、研究对策的复杂思维过程。所谓发现问题，是指在预测的基础上，找出哪类或哪个问题与系统组织的未来发展关系密切。所谓分析问题，是指对某个问题产生的原因和导致的后果进行分析和研究。所谓确定目标，是指通过解释问题找到"实然"和"应然"之间的差距，确定创业组织今后应朝着什么方向努力。所谓研究对策，是指根据今后的工作目的研制多种实施方案，并在比较论证的基础上进行选择。在发现问题时，创业者不能被表面现象所迷惑，要能准确敏锐地找出与创业目标关系最密切、实现的可能性最大的信息。分析问题则要求追本溯源，预想后果，切忌就事论事。确立目标必须比较利弊得失，分析有无可能和可能性的大小。至于制订各种对策和最后选择最佳方案，则需要以仔细的调查研究为基础。

创业决策可分为个人决策和集体决策、经验决策和科学决策、确定性决策和不确定性决策以及风险决策等不同类型。创业决策过程不仅是决策者认识客观可能性的认知过程，同时也是根据效益原则优选最佳决策方案的价值判断过程。决策思维既要尽量做到主观符合客观，要对各种可能做出准确的事实判断；又要使客观尽可能符合主观需要，选择投入少、效益大、风险小的创业方案。

三、创业的计划控制

计划作为广义决策的一个环节，是决策方案的具体化和秩序化。通俗地说，计划就是决策者为实施具体决策方案而对组织成员的各种活动所做的统一部署和具体安排。其作用在于使决策落到实处，将决策转化为可实施、可操作的行为依据，并以此对组织成员的行为进行定向控制。在创业实践中，决策和计划是两种基本职能。事实上，决策和计划是两个既有联系又有区别的范畴。一方面，决策中包含计划的因素，制订任何一种决策方案都离不开对如何实现组织未来目标的谋划和安排。如果没有一定程度的计划，决策就只能停留在抽象的目标设定上，势必不能够成为决策；另一方面，计划本身就是被选定的决策方案，或者说计划是被具体化了的决策方案。当创业处于决策阶段时，需要通过多种决策方案或较抽象的行动计划来表现决策者的想法。而当某一方案被选定并具体化后，就成为计划。决策是计划的根据和前提，或者说是偏定性的计划；而计划则是决策的结果和升华，或者说是细密周详的定量化决策。

计划作为指导具体创业实践活动的依据，具有定向、指导、控制、调整和创新等多种功能。所谓定向，是指计划为创业实践确定了明确的工作方向，规定了一定的任务；所谓指导，是指计划为创业活动规定了基本的操作原则和工作程序；所谓控制，是指计划对组织系统各要素的活动幅度、活动节奏和时机时限起着限制作用；所谓调节，是指通过计划的相应变化或部分修改，对组织各部门的关系、系统的总体结构加以调适，以协同系统和谐、有序地运作。

综上所述，创业意识在指导创业实践的过程中，分别表现为预测、决策和计划三种思维形态。预测是对创业实践多种发展趋势的大致估计；决策是通过深入的比较分析、逻辑论证，并根据组织需要对多种可能性进行的判断和优选；计划则是将决策方案进一步具体化、程序化，使之成为可操作、可应用的活动规则和工作指令，以便引导组织成员参与活动，这个过程既是思维由抽象到具体的升华过程，也是由主观到客观、从精神变物质的过程。

第四章　大学生创新创业的准备工作

大学生在决定进行创新创业时，需要做好前期的准备工作。正所谓工欲善其事，必先利其器，大学生创新创业的准备工作主要包含了团队建设、模式选择、项目筛选以及项目计划。

第一节　准备工作之团队建设

创业活动具有长期性和复杂性，这种特性决定了创业活动不可能由创业者一个人来完成所有工作，需要团队共同承担和完成。由此可见，具有创业团队是创业活动最重要的要素。

一、大学生创业者应具备的素质

投入创业行列中便意味着选择了创业生活方式，这和家庭条件、职业划分、平台支撑以及大环境的变化关联不大。能够发现自己喜欢做什么、渴望做什么、理想是什么，而后专注地在自己最擅长的那部分发光发热，创造和实现自己的价值，就是有梦想、有行动力的创业者。

（一）强烈的创业欲望

在创业过程中，欲望是强大的推动力。所谓欲望，本质上就是一种目标和人生的追求。创业者的欲望是有别于普通人的，他们常常超越现实，并且对现有的状态进行突破，挣脱诸多的局限因素，最终使自己的欲望得到满足和实现。因此，创业者欲望的满足需要扎实的行动力和坚强的意志。

（二）广博的见识和开阔的眼界

机遇往往是给有准备的人的，特别是头脑方面的准备，这需要创业者开拓自己的视野，为赢得机遇做好准备。创业者只有具备广博的学识和开阔的视野，才能够找到正确的道路，从而走向成功。一个创业者的眼界有多宽，他的事业就有多大。我们对许多创业成功者的相关思路进行了分析，找到以下几种开阔眼界的方法。

1. 阅万卷书

从图书、报纸、杂志等渠道中尽量接收有益的信息。很多人将阅读与茶饭之后的娱乐等同，而阅读对创业者来说就是工作。

2. 行万里路

开阔眼界的另一个好方法是各处走走看看。开阔的眼界不仅使创业者在创业开始就可以有一个通往成功的捷径，而且在企业危难的时候它甚至可以拯救企业。

3. 交友

与朋友们进行头脑风暴，能够不断地产生新思路、新点子。大部分创业者一开始是在朋友的鼓励下才开始创业的，有的甚至是朋友告诉他这样创业能够成功，因此他们长期和朋友保持联系，并努力认识新朋友，扩大自己的社交圈层。

（三）善于把握趋势

势，就是未来的发展方向。势分大势、中势、小势。

大势是指政府政策。顺势而作，才能顺水行舟。研究相关创业政策，是为了"明大势"。创业的人一定要研究政策，因为相关的政策对创业有很大的帮助。了解国家推广什么，限制什么是创业的关键所在。选择了政府支持的方向，成功的概率就大大提高了。如果选择了政府不支持甚至是禁止的方向，那么创业者就很容易走入歧途。

中势是指市场机会。市场上现在流行什么，人们喜好什么、讨厌什么，可能就映射出了创业的方向。例如，全国性的"英语热"和"出国潮"正好被俞敏洪赶上，他才会有今天的成就。

小势就是个人的能力、性格、特长。创业是一项折磨人的活动，因此创业者在选择创业项目时，一定要找那些契合自己的能力、可以发挥自己特长的项目。

（四）敏锐的商业嗅觉

具有敏锐的商业嗅觉，是创业成功的根本。创业者要善于发现商业环境的变化，并且快速做出决策。许多创业成功的案例表面上是很偶然的，但其实都来源于敏锐的商业嗅觉。

敏锐的商业嗅觉有的是天生的，但是更多的是通过后天的努力和学习获得的。要想加入创业的大军中，就需要具有敏锐的嗅觉，并将这种嗅觉运用在商业环境中。

（五）忍耐力

作为一个成功的管理者，必须具备两个条件：第一是忍，第二个是决断明快。忍耐力是创业路上的最佳伙伴，只有经受了别人不能忍受的痛苦、屈辱、憋闷才有可能走向成功。忍耐是一种美德，忍耐是创业者必须具备的品格。忍耐也需要一种宠辱不惊的定力和精神。

（六）远见

远见是长远的眼光，是高明的见识，创业的远见直接影响创业的成功率。

比亚迪创始人王传福是一个喜欢阅读的人，当他看到一篇关于电池行业发展动态的国际简报时，预测到镍镉电池的国际生产基地将会发生天翻地覆的变化，也正是在这一变化当中蕴含着无限的创业机会。

（七）丰富的人脉资源

每一个人创业，都必然有其凭依的条件，毕竟创业不是引无源之水来栽无本之木，也就是说创业者要拥有能创业的资源。

创业资源有内部资源和外部资源之分。创业者的能力，所具有的优势、技术等都属于内部资源。而外部资源是指创业者的社会关系和人际关系。

1. 人际资源

在所有的人际资源中，同学资源是首要资源，是最珍贵和最重要的外部资源。这里所指的同学资源不仅包括少年、大学等时代的同学，而且还包括社会上参加的研修班等的同学。很多创业成功的企业家都受到过同学的帮助，也有很多同学就是合伙人。同学之间的情感是一种很密切的情感，很少有利益上的往来和竞争，所以是一种很可靠的友谊资源，具有很高的纯洁度。

战友资源、同乡资源都和同学资源具有相同性质。例如，老乡之间具有相同的人文素养，因此会有一种天生的亲近之情。

2. 职业资源

创业者的职业资源对创业有最直接的帮助作用，充分利用职业资源创业，正切合创业活动"不熟不做"的原则。

（八）有勇有谋

智勇的谋略是指创业者的思维方式和处理问题的态度，以及解决问题的最终方案。创业需要良好的体力支撑，更需要强大的脑力劳动。创业者的相关谋略是创业成功的最关键因素。在当前的市场环境中，竞争异常激烈，产品的同质化现象越来越严重，因此创业者的谋略显得特别重要，好的谋略能够帮助创业者取得巨大的成功。

站在创业者的角度来看，智慧是没有等级和好坏之分的，只有"能不能用"和"好不好用"的区别。创业的智慧需要独树一帜，才能够成为制胜的法宝，才能把事情做好。

创业本来就是需要强大心理承受能力的一项风险活动。冒险精神是创业家精神的一个重要组成部分，创业需要胆量，需要冒险，要有敢下注的胆量，想赢也敢输。创业者要清楚冒险精神和冒进、勇敢和无知之间的区别，无知的冒进只会带来严重的后果，并不能促进创业的成功。

（九）乐于分享

创业者要懂得与他人分享。在创业者眼中，分享是明智的行为，并不是慷慨的表现。如果创业者不想或者不善于与别人分享创业的成果，那么他会有很多局限性。用马斯洛需求层次理论解释，即如果老板舍得利益，甘愿和员工分享成果，那么员工就会得到生理、安全、被尊重等方面需求的满足。员工在需求得到满足后就会对老板怀有感激之情，并且会珍惜所拥有的一切，自然会不断努力完成"自我实现的需求"，从而更努力工作。

（十）善于自我反省

创业者取得成功的重要共同点是他们都善于学习和自我反省。创业者经常会遇到各种问题和挫折，创业本身也是一个不断探索的过程，创业者会不断尝试各种方法解决问题。在这种情况下，自我反省就很重要，它能够帮助创业者渡过难关。自我反省也是一种自我学习的能力，如果创业者在创业过程中不能有效开展自我反省就意识不到错误，不能从错误中学习和改进，更不能让创业发展得更好。因此，创业者要时时刻刻警醒并反省自己。

（十一）高情商

创业是一种在诸多不利因素中成长的历程，特别是在社会的转型阶段，相关的制度和法律都有不完善的地方,人情关系在我国还是十分重要的。创业者只有懂人情才能避免在人事和公关上出问题。

创业需要把握市场趋势、社会趋势和国家趋势,把握形势、把握趋势就意味着要拥有高情商,通人情事理。"世事洞明皆学问,人情练达即文章。"创业者需要拥有高情商,要懂得人情事理。

人的左脑主宰的是智商,也就是IQ;右脑主宰的是情商,也就是EQ。如图4-1-1所示。

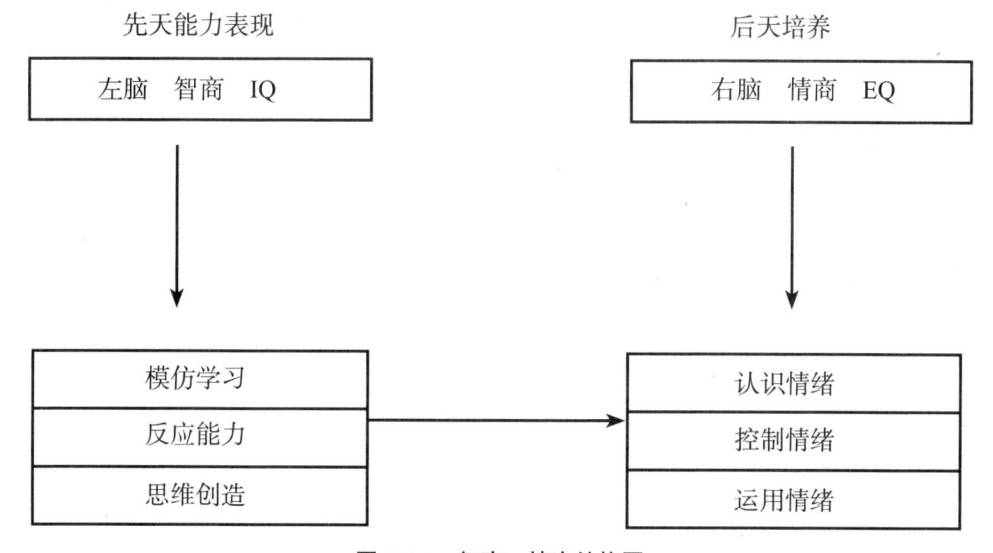

先天能力表现　　　　　　　　　　　后天培养

| 左脑　智商　IQ | 右脑　情商　EQ |

模仿学习	认识情绪
反应能力	控制情绪
思维创造	运用情绪

图 4-1-1　智商、情商结构图

拥有高情商的人,必定是能够正确认识自己的情绪、控制自己的情绪和运用好自己的情绪的人,这也是创业人才最需要的素质。因为创业是在市场竞争的夹缝中生存的活动,尤其是在社会的转型时期,创业者要先适应社会的变化才能审时度势,这是创业者的基本素质。

二、创业团队的含义及优劣势

(一)创业团队的含义

创业团队是为进行创业而形成的集体。团队成员之间有共同的创业目标,共担创业风险并且共享创业利益。组建创业团队一般需要考虑三个重要因素,即共同的价值观、共同的目标和准确的定位。

1. 共同的价值观

共同的价值观是创业团队成立和存在的基石，对创业团队具有导向、凝聚、约束和激励作用。如果团队成员有共同的价值观，那么在创业初期，团队成员就会团结一致，齐心协力向创业目标迈进。

2. 共同的目标

创业团队需要有一个既定的共同目标来为团队成员指引方向。在初创企业中，共同目标常以初创企业的愿景、战略等形式体现。

3. 准确的定位

创业团队的定位有两层含义：一方面是指创业团队在初创企业中所处的位置，创业团队对谁负责等；另一方面是指成员个体在创业团队中所扮演的角色等。

团队成员是创业成功的关键因素，只有适合创业的人员加入创业团队，才能保证创业企业的稳健发展，否则可能会对创业企业的经营发展产生不利影响，因此，创业者要谨慎选择团队成员。

（二）创业团队的优劣势

创业团队是指几个具有互补性质的创业者组成的团队。团队的成员拥有同一个创业理念，并且在创业过程中利益均沾、风险共担。整个团队在创业活动的过程中是一个不可分割的共同体。

1. 创业团队的优势

组建创业团队能够获取更多有用的信息和资源。创业者除了对信息进行收集和处理外，还要对信息进行全面的分析。这样有助于创业者实现目标，创业成功的概率也随之提升。在一个发展较为成熟的创业团队中，团队成员有着不同的专业背景、学科背景、工作背景，他们在收集信息时自然会有不同的重点。团队的信息汇总也是一个很重要的工作，并且需要具有全面性。

组建创业团队能够发挥集体的思维优势，并由所有人共同承担创业风险。同时，由于创业过程会受到多重因素的影响，因而创业活动也需要有多维度的创业资源的支持，团队成员之间的互补性会使得这个创业团队能够积极有效地获得来自不同渠道的创业资源的支持，并以此来提高创业团队的绩效，提高创业团队的水平。在创业过程中，机遇和风险是一样多的。想要避免或减少风险，尽可能地实现创业目标，在创业之前就要对创业的方向进行谨慎的选择。创业团队的成员是具有不同背景和个性的个人，拥有各自的优势，能够为团队的资金、经验或者技术等提供支持，因此创业风险相对是比较小的，能够很好地应对出现的诸多问题，并且，能够取得良好的团队收益。

组建创业团队能够规避个人独裁主义带来的一系列问题。所有的决策都需要团队成员参与讨论和决策，所有成员的意见和建议都需要被考虑在内。这种决策方式具有群策群力的优势，能够很好地应对许多突发状况。和个人独裁主义相比，这种决策方式具有较高的质量，同时，采用这种决策方式所制订的策略也是经过团队中最有决策权力的人认可的。这对整个团队的执行力能够起到提升作用。

2. 创业团队的劣势

尽管创业团队在决策方面具有民主性，规避了个人的独裁主义，但是这种决策方式也存在问题。例如，在团队进行集体讨论和决策的时候，效率一般是比较低下的，需要花费很长的时间进行探讨，在这个过程中，有可能良好的商业机遇已经错失了。在进行决策的时候，所有的成员都会力推自己的方案和意见，不能客观地听取他人意见，这种情况下也会衍生出很多的问题，并且没办法及时解决相关的决策问题。

团队的生存准则最重要的是彼此之间的信任，团队成员之间的信任需要长时间的磨合。团队成员中如果出现了以个人利益为主的人，团队信任就会出现危机，但是，如果一味地盲目信任，也会使整个团队步入危机之中。因此，在组建团队的过程中，不但要求所有的成员要互相信任，而且不能盲目信任，否则将带来一系列的风险。团队共事时，要培养成员的责任感和团队意识，并通过相关的监督机制保障团队的顺利运作。

三、创业团队的类型划分

根据不同的创业结构类型和创业结构层次，可以将创业团队划分为不同的类型。目前学界普遍认同的观点是依据创业团队的组成者，将创业团队划分为星状创业团队、网状创业团队和虚拟星状创业团队。

（一）星状创业团队

星状创业团队也被称作核心主导型创业团队，如图4-1-2所示。在星状创业团队中往往都有一个核心人物，通常是团队的领导者或者领队。在团队组建的初期，创业团队的核心人物已经具备成熟的创业思维和想法，能够结合自身的相关经验和资源为创业进行团队组建，并且能够促进创业活动的推进。换句话说，在创业团队组建之前，核心人物已经对创业团队的人员有了初步的了解和想法，他会根据创业的需求来邀请相关的人员加入创业团队。

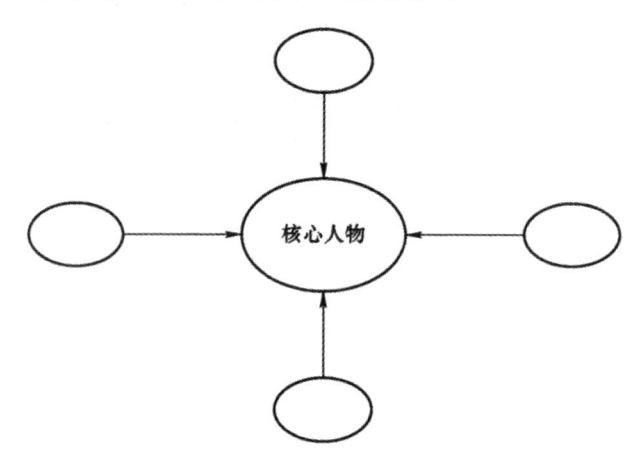

图 4-1-2　星状创业团队

星状创业团队主要有以下几个特色。

第一，团队具有很强的向心力。团队成员都会受到核心人物的影响，并响应他的号召。

第二，团队具有紧密的结构和稳定性。在决策中，采用的是简单的程序，整个团队的组织效率比较高，但是这种情况下也会有类似独裁的现象出现，因此也可能会加大团队的创业风险。

第三，当团队内部有矛盾产生时，核心人物的特权就会发挥作用，其他成员便会处于被动状态。这样会导致团队成员有离开的想法，容易造成队员流失，这对团队的长远发展是没有好处的。

（二）网状创业团队

网状创业团队也被称作群体型创业团队，如图 4-1-3 所示。网状创业团队的成员一般都是来自认识的群体，如同学、亲戚和朋友等。通常他们有相同的爱好和兴趣，并且有相似的背景和经历。创业团队成员在相互交往的过程中产生了共同创业的一致观点，这些都有利于创业团队开展创业活动，能够为达成创业目标提供动力。在团队中，没有核心人物，团队成员之间根据自身的专长分配角色和进行分工。

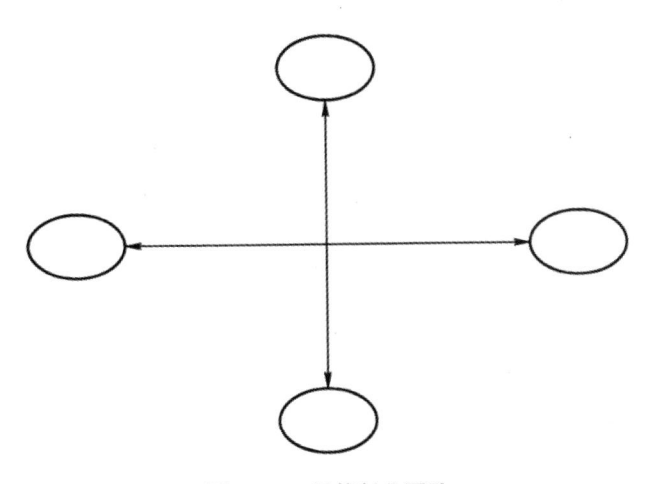

图 4-1-3　网状创业团队

网状创业团队主要有以下几个特色。

第一，团队成员之间具有亲密的关系和平等的地位，没有具有特权的核心领袖。

第二，在进行决策时，采用的是集体决策方式，由于所有的成员都有相同的创业想法，因此在决策中很容易达成共识，沟通和交流也很方便。

第三，这种团队的组织结构不严谨，团队发展的过程中会出现多个领导人物的现象。

第四，当团队内部发生矛盾时可以通过协商的方式进行解决，但是，当这种矛盾升级，很难得到解决时，团队成员就会撤离，容易造成整个组织架构的涣散。

（三）虚拟星状创业团队

虚拟星状创业团队的结构如图 4-1-4 所示。这是一种由星状创业团队进行创新而得到的类型，也可以说结合了两种创业类型，是处于中间状态的一种新型形态。虚拟星状创业团队和星状创业团队类似，具有核心领袖，但是和星状创业团队的核心成员相比，虚拟星状创业团队核心成员的人选是创业团队成员共同协商决定的，而非自动形成的。这个核心领袖是整个团队的带头人，但并不具备主导作用。在团队的运行过程中，所有成员的意见和想法都需要被考虑，核心成员的权威性具有保障性，与星状创业团队的核心人物相比，具有更高的权威性。

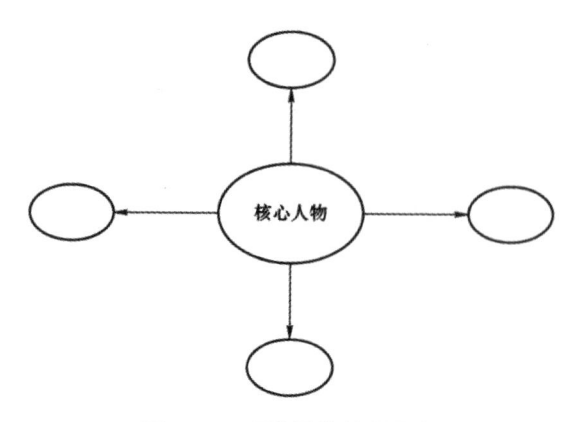

图 4-1-4　虚拟星状创业团队

四、创业团队的重要性

有个故事这样说道：在非洲的草原上如果见到羚羊在奔逃，那一定是狮子来了；如果见到狮子在躲避，那就是象群发怒了；如果见到成百上千的狮子和大象集体逃命的壮观景象，那是什么来了呢？行军蚁。

行军蚁主要生活在亚马孙河流域，喜欢群体生活，一般一个群体就有一二百万只，它们属于迁移类的蚂蚁，没有固定的住所，习惯于在行动中发现猎物。

行军蚁集体出发时排成密集及规则的纵队，而有些行军蚁也会采取广阔的横队前进。主力部队前进时，前卫线上和两翼是长着巨颚的兵蚁，中间是工蚁。大军前进时如汹涌的潮水。有人看见过，当 15 米宽的军蚁队列经过时，猎物立即会被淹没……

从上边这个故事可以看出，创业关注的核心并不是个体创业者，而是高素质的创业团队。虽然没有团队的新兴企业未必会遭受失败，但是在没有高素质创业团队的情况下，该种企业的成长性不足，且想做强做大也十分困难。

从某种意义上来讲，创业团队是一个特殊的存在，正是由于其以群体的形式出现，所以其工作绩效要远远大于所有员工独立工作的绩效之和。创业团队是高层管理团队基础和最初组织形式，对创业成功起着举足轻重的作用，是新企业通向成功的桥梁。

创业团队优势具有机会识别能力较强、机会开发能力较强、机会利用能力较等优势。事实上，风险投资家非常重视创业团队，他们往往在评估创业团队方面做很多工作，一旦发现创业团队有问题，风险投资家会拒绝投资。

五、高绩效创业团队的主要特征

高绩效的创业团队是创业成功的重要保障，但是从创业经验中发现，高绩效创业团队的组建很不容易。它不只是由一群有技术、有学历的人简单组合而成的。

著名战略学家迈克尔·波特认为，当企业的组织结构呈钻石结构时，这个企业就会有强大的竞争力。就创业而言，创业的核心团队在职能履行上也应是一种"钻石结构"，主要包括以下几种角色。

第一，目标客户掌控者。有了目标客户掌控者，新创企业才能有首批客户，进而新创企业提供的产品和服务才能够得到市场的持续回应。

第二，商业模式掌控者。这一角色可以确保新创企业所构想的商业模式得以有效的实施。

第三，价值链和网络掌控者。他只有协调并有效掌控企业内部价值链和外部价值网络的运行，才有助于新创企业为目标客户有效地创造并传递价值。

第四，理念与战略掌控者。他应是新创企业的掌舵者，掌握企业运行和成长的理念、方向及战略。

事实证明，高绩效的团队的组建具备以下几个特点。

（一）创新性

具备创新性特点是由创业活动所决定的，因为创业活动需要创新性来维持。创业活动不仅需要先进的技术、新市场和新产品的支持，还需要通过新的手段来完成，因此团队成员也需要具备创新理念，并且具有一定的超前意识。

（二）共同的创业目标和相互信任

在团队中，要保障高绩效就需要团队成员有高度一致的目标，在此基础上促进信任关系的养成，团队成员之间的信任关系是帮助营造高效率工作的重要保障。如果在团队刚成立的时候团队成员的目标就不一致、没有信任关系，那么在团队的发展过程中，就会因为很多的利益问题或者权利分配问题而产生矛盾和冲突。这些矛盾和冲突如果被激化，就会具有破坏性，对团队造成损害。

（三）紧密协作

和普通团队相比，高绩效的创业团队具有团队成员之间合作密切、配合默契的特性，通过密切合作能够提高整个团队的工作效率。在组建创业团队之初，高效性就被考虑在内，而且团队的领导能力、公关能力、财务管理能力和营销能力等都需要考虑在内。团队成员的能力要能够互相补充，并且能够实现有效的沟通和迅速的反馈。在开展工作的时候，所有的成员都要通过团队协作和团队精神共同完成任务，并且向着更高的标准努力。

（四）团队成员之间要有较强的凝聚力和强烈的归属感

团队是否具备凝聚力和归属感对所有成员的工作态度会有很大的影响，成员的行为、积极性、绩效等也会受到影响。具有较强凝聚力的创业团队中的各个成员之间的合作特别默契，营造的是积极向上的气氛，能够发挥整个团队的创造力；同时，凝聚力能够给团队成员带来强大的归属感，成员就会更加用心投入团队的工作中，真正为团队贡献自己的一分力量。

（五）团队成员之间的平等性

通常情况下，高绩效的团队在所有成员中都讲求平等。这种平等并不是权利或者股权方面的平等，而是一种以公正为前提的平等性。如果非要讲求绝对平等，那么是不利于团队发展的。团队的建立和相关的能力分配、贡献值等都和相关的奖励和报酬制度相关。这些都是调动整个团队积极工作的重要因素。

六、创业团队的组建原则

大学生创业者在组建创业团队前需要了解团队组建的基本原则，这样才能使团队构成更加合理，才能最大限度地发挥团队的作用。大学生创业者组建创业团队的原则如下。

（一）目标明确合理原则

创业目标必须明确、合理、切实可行，这样才能使团队成员清楚地认识到共同的奋斗方向，才能真正起到激励作用。

（二）能力互补原则

大学生创业者之所以要组建团队，其目的就在于弥补创业目标与自身能力之间的差距。只有当团队成员相互间在知识、技能、经验等方面实现互补时，才有可能通过相互协作发挥出"1+1>2"的协同效应，因此，团队成员之间要做到诚实守信、志同道合、取长补短、分工协作、权责明确。

（三）精简高效原则

为了减少创业期间的运作成本，使各成员分享到更多创业成果，创业团队的人员应在保证企业高效运作的前提下尽量精简。

（四）动态开放原则

创业是一个充满不确定性的过程，团队中有成员可能由于能力、观念等方面的原因离开，同时也会有新成员加入。因此，大学生创业者在组建创业团队时，应注意保持团队的动态性和开放性，使真正适合的成员留在创业团队中。

七、创业团队组建的基本步骤

创业团队的组建是一个复杂的过程，不同类型的创业团队在组建过程中会有不同的侧重点，但其过程是大致相同的。创业团队的基本组建步骤如下。

（一）明确创业目标

创业团队首先要制订一个明确的、鼓舞人心的创业目标，使各成员在目标方面达成一致。当团队成员对未来拥有共同愿景时，就会向着共同目标努力奋斗。

（二）制订创业计划

在确定创业目标后，创业团队就要为实现这一目标制订一个周密的创业计划。创业计划是一份全面说明创业构想的文件，确定了在不同创业阶段需要完成的任务。创业团队应通过逐步实现阶段性目标来实现创业总目标。

（三）寻找更多团队成员

寻找团队成员的基础是志同道合、目标一致。共同的目标和经营理念可以将不同的团队成员凝聚在一起。此外，团队成员在性格、技能、知识、能力等方面最好能形成互补，这种互补既有助于加强团队成员间的合作，又能加强团队的战斗力。

（四）团队职权划分

创业团队职权划分是指根据执行创业计划的需要，具体确定每个团队成员所担负的职责和享有的权限。团队成员之间职权的划分必须明确，既要避免重叠和交叉，又要避免遗漏。

（五）构建创业团队制度体系

创业团队制度体系主要包括团队的各种约束制度和各种激励制度。

第一，创业团队通过各种制度约束（主要包括纪律条例、组织条例、财务条例、保密条例等）指导成员，避免成员做出不利于团队发展的行为，实现对成员行为的有效约束，保证团队的秩序稳定。

第二，创业团队要实现高效运作需要有效的激励机制（主要包括利益分配方案、奖惩制度、考核标准、激励措施等），激励机制能使团队成员切实体会到创业带来的利益，从而充分调动团队成员的积极性，最大限度地发挥团队成员的作用。实现有效激励的前提是把团队成员的收益模式界定清楚，尤其是股权等与团队成员的重大利益密切相关的事宜。

八、创业团队的组建过程

组建创业团队是一个很复杂的过程。由于按照不同的创业活动组建的团队各不相同，组建创业团队的过程也会出现差异。

（一）创业团队组建的前提

1. 成员共同的创业理念

成员共同的创业理念是创业团队能够组建成功的第一要素，这是决定整个团队的目标、行为准则、执行标准的重要因素，也是决定团队成员工作方式的指导思想。在拥有共同的价值观和创业理念的前提下，团队成员就会朝着同一个目标去奋斗，这有利于创业活动的发展，特别是当创业过程中遇到各种不可控的突发问题干扰的时候，这个目标能够凝聚所有的团队成员，将他们紧紧团结在一起共渡难关，为团队创造价值。与此同时，相同的创业理念能够给团队带来无穷的凝聚力，将所有成员的目标整合起来，使成员以团队的利益为重，并且不计较个人得失和短期利益的回报等。

2. 成员之间的互补性

成员之间的互补性主要是指团队成员之间在能力、性格、学习背景和工作经验等方面的互补。创业者在组建团队时，会充分考虑所有成员的优劣势，并按照互补原则进行搭配，以弥补成员之间的不足。其实，所有的团队成员并非全能型的人才，各自都会有自身的劣势和优点，这就需要团队成员之间进行互补。例如，有的成员是技术出身，对于财务和营销一窍不通，需要懂财务和营销知识的成员对其进行补充和平衡。

3. 成员之间的相互信任

成员之间的相互信任是组建创业团队需要考虑的基础问题。如果没有信任，那么团队就没办法组成，成员之间就没办法共事，更没办法实现相同的目标。团队成员之间的信任主要包括人品的信任、个性的尊重、工作能力的认可和工作态度的一致性。只有在这种信任的环境中，团队成员才能够合作默契、共事愉快，团队的发展才能具有稳定性和长久性，团队的优势才能够发挥出来。团队成员之间的不信任会影响整个团队的运行和管理，如果这种信任没有形成或者被破坏，是很难再建立起来的。

4. 团队具有相对完善的管理制度

在组建团队的时候需要将权利、义务和利益分配进行详细的说明，做到责任、权利、利益统一分配。要想达到这个目标，就需要在团队建立之初严格按照相关的管理制度进行管理。这种管理制度需要具有公平性、公正性、可操作性和前瞻性，并且能够保障整个团队的稳定性。在创业开始的时候，团队的分工就要明确，团队成员都要清楚自己的责任和义务。只有职责分明，才能够保证所有成员之间的关系稳定，并且保障所有成员的利益不受损害。刚开始创业时，由于资金有限，团队需要建立合理并且被大家认可的报酬制度，要保障所有成员的付出得到合理的报酬，并且所有成员的既得利益不受损害。

（二）创新团队组建的前提

创新不是一个人的事，而是一个组织、一个团队一起集思广益，共同探讨新思路、新想法、新创意的行为。集体创新的力量永远大于个人创新的力量，最好是能组建一支创新团队，一群人集思广益、头脑风暴、协作研发，不断地碰撞出创意的火花。那什么样的团队具备创新团队的条件呢？一般来说，创新团队需要有这么三种人：一种是有想法的人，一种是敢于创新的人，一种是善于归纳总结的人。

1. 有想法的人

创新团队里面需要的第一种人是有想法的人。我们在开展创新活动时，一定要有创新的想法，这个有想法、有思路的人十分重要，他对于引领和开展创新活动起到很关键的作用。我们经常遇到很多人，当问到他们对一件事有什么想法时，他们回答最多的是没什么想法，没什么想法其实也就是不去想，或是不敢想。而要想创新，就需要有创造性的想法，有创新性的思维。创新团队一定是由一些有想法、有思路的人组成的，这些人的不同想法在一起头脑风暴时，就会发生碰撞，就会激发出火花，就会产生灵感，就会启发他人，而往往这个时候就会产生创新的想法，启发出一些创新的思路。

2. 敢于创新的人

创新团队里面需要的第二种人是敢于创新的人。在当前社会，我们不仅需要有创新的意识、创新的思维，更需要有创新的精神。只有敢于创新、勇于创新，才有可能去开展创新活动，才有可能去尝试创新。如果没有创新的勇气、没有创新的胆量，也不可能较好地开展创新活动。所以，创新团队中一定要吸收那些敢于创新的人，邀请他们加入创新团队，共同形成创新想法、尝试创新行为。

3. 善于归纳总结的人

创新团队里面需要的第三种人是善于归纳总结的人。创新团队里会经常组织各种形式的创新活动，头脑风暴会议可能随时召开，大家你一言我一语，说得都很热闹，想得也很美好，但是散会后如果没有人来把大家讨论的亮点和创新点记录下来，整理清楚，并且梳理出来，时间长了大家就记不全了，就只能是聊天聊了一个热闹了。所以，创新团队十分需要善于归纳总结的人，这类人能把大家的创新思路、创新观点记录下来，梳理清楚，形成会议纪要。

（三）创业团队组建的主要程序

因创业活动不同，创业团队组建的主要程序也各有不同，但是在这些不同之中它们还是具有共同性的。笔者将组建创业团队的程序概括如下。

1. 创业目标要明确

还未组建团队的时候就应该对创业目标进行明确，因为创业目标是创业者寻找创业团队成员的重要依据，是所有创业计划实施的根本。

2. 将创业计划做成文本

拥有了明确的创业目标之后，就要按照这个目标制订相关的创业计划，通常包括总计划和分计划，最好能够形成文档。创业者在制订相关的计划时要结合自身的优势、资源和未来的发展方向进行。如果创业计划比较完善，对合伙人具有很大的吸引力，则能够帮助创业者更快地找到合适的人加入团队中。另外，在进行相关年计划的制订时,还要特别注意制订不同阶段的分目标以及实现这些分目标所需要的阶段性计划。

3. 找到符合团队需求的成员

具有明确的创业目标和完善的创业计划之后,创业者可以根据这两项进行相关成员的招募并组建自己的创业团队。创业者可以通过自己的人际关系网络进行成员的招募,这样能够找到关系良好的、可靠的、具有优势互补的成员。如果创业团队成员的组成合理,那么创业团队获得成功的概率会有所增加。

4. 对相关的职权进行明确规定

创业团队需要确定所有成员在团队中的作用和享有的权利。这种职权制度的完善是保障整个团队有序运行的前提。在建立职权制度的时候,需要考虑成员之间的结构性问题,所有的职权都需要具有明确性,但又不能缺乏排他性,这样才能够避免职权空缺或者独裁主义现象的发生。此外,创业过程是一个动态发展的过程,并且具有复杂性,很多东西都随时会发生变化,职权制度也一样,需要根据环境和团队的变化等因素进行适时的调整。

5. 建立创业团队的相关制度体系

团队中完整的系统是创业得以持续发展的重要前提和有力保障。建立严格的制度体系是对团队成员行为规范的重要举措,能够促进所有成员尽职尽责。严格的团队制度体系能够为团队在发展过程中出现相关问题和矛盾的时候提供实质性的保障。

这里需要重点说明的是,组建创业团队并不一定要严格按照上面的各个程序进行,有很多创业者在组建团队的时候并没有明确的步骤划分,而是要根据创业者自身的经验来慢慢探索创业团队组建的诸多要素。

(四)创业团队组建的注意事项

1. 团队成员的个人特点

团队会受到所有团队成员的影响,主要包括性格、心理和能力三个部分。在选择团队成员的时候,要从其是否具备专业的素养和团队精神等来进行选择。如果团队成员的素质良好,将会有利于整个团队向前发展。

相关的研究表明:具有创业野心的人,比那些没有创业野心的人更有可能实现团队目标,在面对相关的挫折和问题的时候,也具有更强的承受能力。这些人具有良好的心理素质和很强的心理承受能力,能够将自己全身心投入创业活动中,并且有永不言弃的精神,对团队有凝聚力,不会轻易退出。创业团队成员之间的互补作用也是很重要的,能够促进整个团队的互助协作精神的发挥,使团队实现"1+1>2"的效果。

2. 合理的报酬体系

在创业过程中,利益的分配是一个很现实的问题和大难题,合理的利益分配规则是保障创业团队长久稳定发展的前提。但是,这里所说的对利益的合理性分配,并不代表整个团队要按照平均主义进行利益分配。相关的实践表明,绝对的民主是不存在的,完全平均的创业团队也是不可能长久的。

在团队利益分配方面要重点关注的是酬劳的分配制度,这种酬劳体系包括基本工资、分红和奖金等。同时,还要将团队成员的个人成长、个人需求的实现等考虑在内,这样才能够提高整个团队的外在吸引力,能够避免成员的离职。在制定相关的酬劳分配制度时,要考虑整个团队中的所有影响因素,以及所有成员的既得利益,要重点关注投入高、回报少的成员的动态,避免其脱离团队。与此同时,这种合理的酬劳体系也能够遏制成员的腐败习气,能够促进整个团队的高效发展。

3. 创业团队规模的大小

组建创业团队时,对团队的规模要做到心中有数,事实上,很多创业团队在开始组建时都是小规模的。在创业团队中,由于成员都有各自的想法,所以在很多问题的看法上会有差异,从而导致团队决策出现意见分歧,很难快速形成统一的意见。因此,创业者要严格控制团队成员的数量,使之区域合理化。究竟要控制在什么范围内才叫合理呢?这是没有统一标准的,但可以明确的是,创业者在刚创业的时候不应该组建大规模的创业团队,一定要将团队成员人数控制好。

九、创业团队的管理工作

(一)创业团队管理总则

一个成功的大学生创业者应当具备领导、管理团队的能力,一般而言,创业团队的管理主要包括以下 6 个方面的内容。

1. 注重人才培养

即使是初创企业也不应该忽视人才的培养，大学生创业者应注重培养一些重要岗位的人才。不断地培养适合企业发展的精英型人员，组建出人才岗位梯队，不仅可以提高团队的凝聚力和作战能力，而且一旦出现职务空缺，大学生创业者能很快找到合适的替补人选，从而减轻因人员更换给企业带来的损失。

2. 提高创业团队的执行力

执行力是团队成员自动、自发地为取得有价值的成果而不断努力的强烈意愿。执行力是衡量一个创业团队是否优秀的关键指标之一。应该如何提高创业团队的执行力呢？可以从以下5个方面入手。

（1）职责明确

制订有效清楚的职责分工制度，明确岗位的职责。让每一位成员明确自己所处岗位的范围，认真负责地履行工作职责。

（2）赏罚分明

在明确成员的工作目标和工作标准之后，就可以制订奖惩制度，做到赏罚分明。

（3）过程控制与监督

把工作分解，使成员能够按步骤去完成，增加工作的透明度，以便对其进行控制和监督。

（4）限定完工时间

每一个项目都要限定具体的完工期限，到期必须完成。

（5）监督工作质量

在执行方案的过程中，一定要监督成员的工作质量是否符合要求，避免质量不过关。

3. 股权分配管理

创业团队成立后，面临的关键问题之一就是如何制订团队成员间的股权分配方案。股权分配是对企业利益分配方式的约定，它有助于长期维持团队的稳定和企业的发展。在进行股权分配时，大学生创业者应遵循以下3项原则。

（1）重视契约精神

在创业之初，大学生创业者就要把股权分配方案以公司章程的形式确定下来，并以合约的形式明确创业团队成员的利益分配机制，从而保证创业团队的长期稳定。

（2）贡献决定权利原则

首先，大学生创业者可以依据出资比例来制订股权分配方案；其次，对于没有注入资金但持有关键技术的团队成员，则可以以技术的商业价值来计算其股权份额。

（3）控制权与决策权统一

股权分配本质上是对公司控制权的分配。在创业初期，控制权和决策权的统一至关重要。新创企业持股最多的团队成员不享有公司的控制权是非常危险的，该成员可能会更关注企业的长远发展，容易就决策问题与其他成员发生冲突，进而引发团队矛盾。

4. 内部冲突管理

创业团队的内部冲突是指成员间在人际关系或感情方面出现紧张情绪，主要表现为任务冲突、过程冲突以及关系冲突或情感冲突。

任务冲突主要是团队成员对工作目标和内容的分歧。

过程冲突主要是团队成员关于完成工作任务的手段和方法的分歧。

关系冲突或情感冲突更加情绪化，其主要特征是敌对和愤怒。

创业团队的内部冲突如果保持在一个合理的层面，是可以满足企业多样化和创造性的需求的。但如果内部冲突超出一定范畴，将会给创业团队带来负面影响。因此，为了将内部冲突控制在合理的范围内，大学生创业者在管理团队时应注意以下内容。

第一，团队内部意见不统一是一种常态，大学生创业者应使团队成员在不统一的意见中寻求合作的可能性，在一些正面的、建设性的冲突当中寻找更多可能性，做出最佳决策。

第二，强调团队的整体利益和成就，不刻意突出某个成员，在保证团队利益的前提下，根据业绩分配个人利益。这样做有助于把团队成员间的冲突控制在合理的范围内。

第三，大学生创业者要广泛听取团队成员的意见，但要避免出现"议而不决"的情况，适当的时候要果断拍板。

第四，团队内部竞争是为了团队更好地发展，一切都要以团队整体利益为导向，要避免冲突过大。

第五，如果冲突过大，大学生创业者应理性地做出判断，通过成员调整来维持团队的稳定和发展。完善的团队架构不是一蹴而就的，需要经过实践不断地进行调整和磨合。

5. 团队激励

对于创业团队的内部冲突，大学生创业者要制订有效的管理机制，同时保持开放的心态。在合理组建创业团队的基础上，不断加强团队管理，通过有效的激励和管理机制，使团队成员在公平、公正、尊重、信任的团队氛围内密切合作，从而保证创业团队的稳定发展。

创业过程是充满艰辛的，所以创业团队成员间容易产生分离倾向，管理上稍有松懈很可能就会导致团队绩效大幅度下降，因此大学生创业者需要定时对团队成员进行有效激励。激励的核心原则是奖惩分明，并且一视同仁。

6. 建设团队文化

一个创业团队要想实现超越，就一定要找到可以传承的团队文化。团队成员可以新老更替，产品也可以更新换代，只有创业团队的文化可以不断传承、发扬。一个优秀的创业团队应具备以下3种团队文化。

（1）勇气文化

创业过程中会遇到很多意想不到的困难，团队成员要有知难而上的勇气，敢于直面困难，敢于探索未知领域，并要能勇敢地面对失败。

（2）忠诚文化

团队成员只有忠诚于团队，才会为团队的发展贡献全部的才智。但也只有通过团队的成功实现个人价值并获得利益后，成员才会更忠诚于团队。因此，大学生创业者应通过制订合理的薪酬体系、建设具有凝聚力的团队文化来提高团队成员的忠诚度。

（3）学习文化

团队成员在创业过程中需要不断地学习，努力吸收一切对创业有利的知识、技能和经验。只有善于学习的团队才会发展得更好。

（二）创业团队的具体管理技巧

组建好创业团队之后就要对整个团队进行高效的管理。在企业中，团队的有效管理是很关键的，和创业目标具有同等重要的作用。有关创业团队管理方面的技巧包括以下几种。

第一，在进行团队管理的时候，要注重创造价值，对所有团队成员进行统一的价值观引导，为整个团队付出努力并取得相应价值的回报。大学生创业者应该营造积极的创业气氛，鼓励所有的成员在工作中投入高涨的热情。这样能够发挥群策作用，有效地解决问题；能够使相关方案得到执行；能够帮助团队成员认知到自己的职责，并尽职尽责为团队目标努力。

第二，在进行团队管理的时候，决策者积极的引导对团队效率的提高具有重要作用。决策者是整个团队的领袖，决策者的能力直接影响团队的稳定性和凝聚力。决策者是一个团队得以维持和发展的重要灵魂要素。从决策者的角度来看，要将团队中所有的资源进行合理的分配和整合，在整个团队中创造积极向上的创业热情。只有引导团队成员建立起互帮互助和相互信任的气氛，加强团队成员之间的沟通，才能够团结整个团队。决策者还需要具有大局意识，以团队的利益为重，这样才能够承担起领导团队的重大责任。

第三，在管理团队的时候，团队成员的绩效考核和评估也是很重要的，这是对成员的一种评价和激励。团队成员的绩效考核有相关的标准，能够对他们的工作完成度进行相应的评估，也为后续的工作监督提供依据，并且能够衡量团队的分工是否合理。同时，绩效考核制度也和薪酬分配有重要关联，能够作为评定成员薪酬的参考依据。

第四，对团队成员的退出制度也要进行完善，并制订相关的标准。在进行团队管理的时候，创业领袖需要将成员的中途或者提前退出的情况考虑在内，要有相应的应对机制和办法。通过成员的退出制度来保障整个团队不受破坏，按时完成相应的目标，有利于团队的长期性和稳定性，避免因为个别成员的离开导致团队的不和谐或者对团队造成不良影响。创业初期，很多创业团队的成员都能够一起吃苦和打拼，遇到问题也能够携手解决，但是随着团队的发展和壮大，就会出现各种不和谐因素，导致团队成员之间出现分歧或者不和。这时候团队成员的突然离开就有可能给团队造成很大的损失。

（三）创业团队冲突的有效管理

创业团队发展到一定的阶段就会出现内部矛盾或冲突，这是团队内部的诸多不和谐因素共同作用的结果。一旦出现这种情况，就要尽快解决这种矛盾，否则团队的有效管理会受到影响。当前，一些专家将这种内部的冲突划分为两种类型：认知冲突和情感冲突。对于不同类型的矛盾和特点，在进行团队管理的时候就要采取具有针对性的措施进行预防和解决。

1. 创业团队认知冲突

简而言之，认知冲突是指团队成员对问题的不同看法和意见。本质上，这是团队成员的意见方面不和谐，是对事物认知的不同所导致的，不是针对某个团队成员的一种反对，这在团队的发展中很常见，是团队发展到一定阶段便会出现和必须解决的问题。团队成员在对相关事物或者问题提出不同看法的时候，这种冲突就出现了，但是这并不会给团队带来不良影响，相反，这种认知冲突是帮助团队更好发展的一种重要手段，也是帮助团队成员激发创造力的重要方式，对团队的发展有积极作用。

创业者面对这种认知冲突时，如果采取正确的办法来解决问题，并且对团队成员共同发现问题、探讨问题和解决问题的能力进行训练，那么就能够激发团队成员之间的创造力和创新思维，帮助团队更好地发展。在认知冲突中所产生和做出的决策具有很高的接受度和可执行性，能够推动团队朝着更好的方向发展。

2. 创业团队情感冲突

情感冲突也叫关系冲突，是创业团队的成员之间产生的一种对立和抵抗现象，并从情感上开始发泄。在创业团队的冲突中，情感冲突是相对不利的一种因素。与认知冲突相比，情感冲突极具个人感情色彩，对团队成员的感情具有很大的伤害力，会对整个团队的凝聚力产生影响。相关研究表明，情感冲突会阻碍团队的发展，影响团队的利益，并且会让团队成员产生不满的情绪。

情感冲突是认知冲突的升级。随着团队成员之间分歧变大，认知冲突会不断得到强化，并进一步升级为情感冲突。情感冲突是受到团队成员的性格、学历、工作经验等多种因素综合形成的结果。在应对相同场景的时候，不同的成员会有不同的反应和不同的观点，如果这种冲突不断升级，那么会演变成情感冲突。情感冲突对团队成员在沟通方面会产生很大的影响，激化各种矛盾，使团队成员产生激动、反抗和紧张的心理状态，对团队成员之间的情感造成破坏，从而破坏整个团队的凝聚力和归属感，阻碍团队目标的实现，并最终导致绩效的降低。遇到情感冲突的时候，创业者要利用沟通技巧，对团队成员的不满情绪进行疏导，调节他们的心理状态。在对团队进行管理时，创业者还要培养团队成员的团队精神、合作观念和大局意识，营造良好的团队人文环境，并减少不良人际关系对整个团队的不利影响。这样就能够提前预防有可能产生情感冲突的各种因素，还能够使团队迸发活力，减少矛盾的发生，最终提高整个团队的绩效。

团队冲突除了会阻碍团队的发展外，在一定程度上也会促进团队的发展。在团队发展中，合理的冲突能够使团队成员的决策思考更加全面，并且能够尽快找到最好的解决方法，这对自身和团队的发展都是有利的。在解决冲突的时候，团队领导要通过正确的分析对冲突的根源进行剖析，从根源上解决，并对所有的成员进行引导，将这种冲突控制在可控制的范围，从而杜绝成员之间的冲突升级。

（四）创业团队的激励机制设置

在管理过程中，团队的激励机制具有很重要的作用，这也是促进团队可持续发展的重要保障。本质上，对人的激励就是提高人的主动性和积极性，并朝着提高团队的绩效和个人绩效两个方向发展。对于团队的激励机制可以分为物质激励机制和精神激励机制两种类型。

物质激励机制主要是指从待遇、补贴、分红、股票、期权等形式上对团队成员进行激励，精神激励机制则是指从团队成员的发展空间、个人价值的实现方面进行激励。

在创业团队中，良好的吸引力和向心力是集合具有相同目标和志向的人的重要因素，这就是团队的吸引力作用，这种吸引力和激励机制有很大的关系。在创业团队成立之前，创业者就要对这种激励机制进行完善，这样才能使团队成员更有积极性，使团队更有吸引力。在创业过程中可以根据情况做出适当的调整，这对加强团队的竞争力很有帮助，并且可以激发团队成员的创造力和积极性。

1. 团队激励原则

团队激励的原则主要有以下 5 个。

（1）公平

公平是创业团队管理中一个非常重要的原则，任何不公平的待遇都会影响团队成员的情绪和工作效率，并会影响激励效果。如果团队成员取得同等成绩或犯了同样的错误，大学生创业者就应给予同等层次的奖励或惩罚。大学生创业者一定要持公平的态度来处理团队成员问题，在工作中对成员要一视同仁。

（2）奖惩及时

奖惩的时效性比奖惩的力度更重要。在创业团队成员有良好表现时，大学生创业者要及时给予奖励，越及时越好，否则奖励的效果就可能大打折扣。

（3）灵活

不同团队成员的需求不同，而激励效果又往往取决于团队成员的需求满足程度，因此激励策略要具有灵活性。对于期望晋升且能力达标的成员，大学生创业者可以用高职位来激励；对于期望高物质回报的成员，大学生创业者可以用高薪和奖金来激励。

（4）差异

因贡献程度的不同，奖励程度也有所不同。贡献大则奖励多，贡献小则奖励少，无贡献则没有奖励。只有这样，才能真正调动团队成员的积极性，才能使他们为获得更多的收益而努力奋斗。

（5）适度

奖励和惩罚过度不仅会影响激励效果，还会增加激励成本。奖励过重会使被奖励者产生骄傲自满的情绪，失去进一步提高自己的欲望；奖励太轻则起不到激励效果，甚至会让被奖励者失去工作热情。惩罚过重会让团队成员感到失落，感情受到伤害；惩罚太轻则无法使团队成员认识到错误的严重性，起不到警示作用。因此，适度的奖惩措施也是至关重要的。

2. 团队激励方法

团队激励方法主要有以下3种。

（1）团队文化激励

大学生创业者可以通过调动团队成员的积极性、主动性和创造性来增强创业团队的竞争力和凝聚力，使团队成员与整个创业团队紧密联系在一起。

（2）权力与职位激励

团队成员参与创业不仅是为了追求经济利益，也是为了获得成就感以及权力和地位上的满足感。因此，大学生创业者可以多给予团队成员一些实际的权力，增强其成就感。

（3）经济激励

经济激励包括奖金和期权等，其中，奖金代表短期经济激励，具有很强的针对性和灵活性；期权代表长期经济激励，在未来可能会为团队成员带来丰厚的回报。因此，将二者结合起来会使经济激励发挥最大效力。

总之，在创业团队刚成立的时候，需要利用相关的分权制度来对团队成员进行激励，这种激励机制需要具备相关的程序才能够区分成员的酬劳和相应的收入，并判断自身的价值是否得到实现。与此同时，创业者还要对团队成员的根本需求进行开发，根据每个团队成员的个性化需求，给予其充分的尊重和满足，使其拥有一个明确的职业生涯规划。

物质激励主要是指团队成员在酬劳方面的分配。这种分配制度是按照团队成员对团队的付出和贡献度来进行考核和差异化分配的。同时，酬劳的分配需要具有灵活性，这样才符合公平公正的分配原则，因为团队的不同成员对整个团队的付出和贡献是有差异的。

（五）创业团队人力资源的管理

对大学生创业者来说，人力资源管理也是一项十分重要的工作。合理的工作安排会使人力资源管理工作达到事半功倍的效果。

1. 人力资源规划

大学生创业者在进行人力资源规划之前，应该首先思考下面的问题。

第一，创业团队的发展目标是什么？为实现这一目标，人力资源该如何进行配置？

第二，团队现在的人力资源状况如何？团队现在的组织架构是否合理？如果存在用人短缺，应该如何补足？

第三，团队成员的分工是否明确？是否对团队人力资源进行了合理有效的利用？是否还需要开发现有成员的其他潜能？

明确上述问题后，大学生创业者就可以根据团队目标、团队规模、团队发展计划以及团队人力资源运行模式这几个核心要点来制订人力资源规划了。

2. 人才招聘

创业团队的人才招聘可以从以下 5 个方面入手。

（1）多花时间

大学生创业者需要花更多的时间去寻找人才，并且需要和面试者进行面对面交流以确保双方都充分了解对方的情况。

（2）躬身力行

大学生创业者应主动花时间去了解所招聘岗位的工作内容。大学生创业者只有懂得这个职位的职责，才能招聘到最合适的人才。

（3）聘用高效的人才

每个特定的职位都有一些特殊的要求，但较高的工作效率是大部分招聘者都看重的。在面试时，大学生创业者可以通过聊天提问的方式来判断面试者的工作效率。

（4）宁缺毋滥

在创业初期阶段，千万不要因急迫需要人才而放宽要求，否则可能会产生严重的负面影响。

（5）随时招聘

对于创业团队来说，团队人才不是一步到位的，团队发展的各个阶段需要有不同类型的人才。因此，招聘通常是一项长期工作，创业团队应做好随时招聘的准备。

3. 员工绩效评价

当创业团队的人力资源管理工作进行到一定的阶段后，就需要对员工的工作绩效进行评价，让员工对自己在工作中的表现有一个明确、客观的认识。常用的员工绩效评价方法有以下4种。

（1）相对比较法

相对比较法是指对员工进行两两比较，任意两名员工都要进行一次比较。对两名员工进行比较后，相对较好的员工记"1"，相对较差的员工记"0"。所有的员工相互比较完毕后，将每个员工的得分相加，总分越高，绩效考核的成绩越好。

（2）关键绩效指标法

关键绩效指标法是指以创业团队的年度目标为依据，对员工工作绩效特征进行分析，从而确定反映员工一定期限内综合业绩的关键性量化指标，并以此为基础进行绩效考核。

（3）目标管理法

目标管理法是指将创业团队的整体目标逐级分解至个人目标，最后根据被考核人完成工作目标的情况来进行考核的一种绩效考核方式。应注意的是，在开始工作之前，考核人和被考核人应该对需要完成的工作内容、时间期限、考核的标准达成一致。

（4）重要事件法

重要事件法是指考核人在平时应注意搜集被考核人的"重要事件"。这里的"重要事件"是指会对团队的整体工作产生积极或消极影响的事件。考核人要以书面的形式记录下来，然后根据这些书面记录进行整理和分析，最终形成考核结果。

4. 员工职业规划

大学生创业者帮助员工进行职业生涯规划可以了解员工的需求、能力和职业目标，使员工安心工作并发挥出最大潜能，从而营造出企业与员工共同发展的良好氛围。因此，组织员工做好职业规划是十分重要的。

企业帮助员工进行职业规划时，应遵循以下原则。

第一，企业应向员工传递企业愿景规划信息，为员工的职业生涯规划创造条件。

第二，企业应该公开、公平、公正地为每一位员工提供职业发展机会。

第三，企业应提供良好的成长环境；管理者应与员工进行沟通，帮助其制订切合实际的计划。

企业可以多为员工举办职业规划讲座、职业研讨会等，帮助员工确定自己的职业目标、职业兴趣、职业价值观等。同时企业可以为员工的职业规划提供专业性的指导建议，并引导员工树立职业生涯理念。

（六）组建创业团队应避免的误区

团队创业不仅有很多优缺点，还容易陷入一些误区，影响创业的进程。下面具体介绍组建创业团队时应该避免的误区。

1. 团队内部不能有竞争

有些创业者认为，竞争是负面的，团队内部不能有竞争。这种观点是错误的。在团队内部引入竞争机制，不仅可以在团队内部形成"学""赶""超"的积极氛围，推动成员不断提高自我，保持团队的活力；还可以通过竞争筛选出更能适应某项工作的人才，从而实现团队结构的最优配置，激发出团队成员的最大潜能。

2. 团队内部皆兄弟

不少创业团队在组建过程中过于追求团队的"人情味"，认为"团队之内皆兄弟"，而严明的团队纪律是有碍团结的。这就会导致管理制度不完善，或出现虽有制度但执行不力的情况。实际上，严明的纪律不仅可以维护团队的整体利益，在保护团队成员利益方面也有积极的意义。

3. 牺牲小我，换取大我

很多大学生创业者认为，培育团队精神就是要求团队的每个成员都要牺牲小我，换取大我，放弃个性，否则就违背了团队精神。其实，团队精神的实质不是要团队成员牺牲自我，而是要充分利用和发挥团队成员的个体优势去做好各项工作。

大学生创业者只有不断地鼓励和刺激团队成员充分展现自我,最大限度地发挥个体潜能,才能使团队成员迸发出巨大的力量。

(七)大学生创业团队的风险及控制

1. 大学生创业风险

"互联网+"发展的目标是在物联网、大数据以及云计算等高新信息技术的基础上融合生产性服务业和现代制造业,从而打造新的业态,加强传统行业的快速转型和发展,实现智能化产业的转变,为国民经济的发展带来新的增长点,实现国家的富强繁荣。现在,经济的增长很多都建立在"互联网+"的基础上,并催生出很多创新创业领域的快速发展和壮大。这对于创业者来说,既是不可多得的机遇,但同时也将面临更多的挑战。首先,这是因为"互联网+"背景为更多的创业者提供了创业的良好氛围,并降低了创业门槛,让每个有志创业者都能开创自己的创业梦;其次,随着"互联网+"和各种传统行业的不断深入结合,市场竞争也会愈加激烈,这也造成了创业风险的不断增大。因此,任何一次创业都不能当作儿戏,应该在深入了解市场条件、精准分析创业风险的基础上进行。

(1) "互联网+"背景下创业风险的主要特征

信息化时代的到来,使"互联网+"的优势在经济发展中占据重要的地位,其主要特征表现在具有更好的开放性、共享性、创新性、技术性和虚拟性等,这也给创业带来了更多的不确定性,导致创业风险不断增大。

①创业风险的不确定性。在"互联网+"背景下进行创业,最大的风险是不确定性太多。首先,互联网的普及让信息得以迅速扩散,传播速度也不断提高,技术更新换代加快,产业升级耗时更短,这给创业者带来更多机遇。其次,随着互联网和传统行业的不断深入融合,创业者将要应对各种原因造成的难题和挑战。这需要创业者将各种资源进行整合,积极应对创业过程中遇到的各种问题,并做好创业风险的规避和应对工作,将创业风险降到最低。

市场环境和市场信息随时都会产生变化,而创业机会也是转瞬即逝的,对机会的把握也具有很大的不确定性。创业实施时期,影响收益的不确定性因素非常多。工薪阶层可以通过自己的劳动按时获得劳动报酬,但创业者则不同,他们的辛苦劳动有可能付之东流,甚至血本无归。他们无论是在精神上还是在物质上的付出,都不一定能得到相应的回报,而且回报程度也具有较大的不确定性,因此,这也是创业者需要面对的创业风险。进入创业管理时期后,企业未来的发展趋势难以准确预测。市场环境的变化、竞争的加剧、政策的变化等都将给企业管理带来了一定的难度，对企业的可持续发展产生了直接影响。

②创业风险的复杂性。基于"互联网+"背景下进行的创业将面临更多形式的风险。创业依附一定的情境进行，而不同的情境会导致创业的性质、过程以及结果的发展趋势各有不同。首先，在"互联网+"背景下进行创业，既要考虑互联网环境的影响，又要兼顾传统行业创业的风险；其次，在"互联网+"背景下进行的创业，有了更加广阔的范围，而且领域和行业不同，形成的主要风险侧重点也各有不同。这些都是风险不确定性的体现。如果对风险管理不到位，那么也会使信息、资源、决策、行动和知识的整合度较弱。

③创业风险的转化性。随着影响因素的变化，风险也会产生一系列的变化，如风险的分散、转移、消退、预防和强化等。互联网传播的时效性非常强，导致各种行业之间的创业风险能够相互转化。市场环境的变化也会影响互联网机构的变动，使得资金缺失情况严重，不利于企业偿付能力的提升和生产流通渠道的拓展，加剧了企业非信用风险等，还会造成企业法律风险的不断加大，而且这些不利信息会更快地传送到投资者耳朵里，导致投资者大规模撤资，形成资金的流动性风险。

④创业风险的可控性。"互联网+"背景下创业的一个比较突出的特征在于创业的互联网化。首先，生产性服务与现代制造业和各种信息技术的结合程度越来越高，这也在很多方面发挥出互联网的优势。其次，创业者可以利用互联网技术积极主动地把控创业的整个过程。在"互联网+"背景下，创业风险的可控性更强，更有利于创业者从微观上对创业风险进行操作，将风险影响降低到最小限度，从而有效规避风险。

（2）"互联网+"背景下大学生创业风险的主要类型

主观风险可以细分为三种类型：主体特征风险、信用风险、管理安全风险。客观风险是指由于环境等外部因素影响可能造成的损失等。客观风险又可以细分为四类：信息安全风险、信用风险、融资风险和管理风险。

①信息安全风险。科学技术的发展既有优势又有劣势，其中最主要的劣势表现为信息安全问题的日益严峻。互联网时代的到来，为信息传播提供了更加便捷的途径和更及时的扩散渠道，而随着大量信息的快速传播，其安全性和可靠性也受到较大的影响。这就需要更加系统化的、完整性的信息披露系统和信息保护系统予以规范，不然将引发信息安全风险。首先，信息安全风险来源于系统本身的安全风险。互联网推出的各种理财平台都受到网络技术安全、数据处理安全以及

软件系统安全等因素的影响。网络环境的监管成为互联网高速发展的一个核心问题。很多违法犯罪之人利用互联网的便捷和不安全等特性，采用钓鱼网站、木马病毒等套用户的登录密码进行资金盗刷。其次，信息安全风险来源于技术层面上的安全风险。虽然互联网一直在改进技术来应对不断出现的各种网络问题，但是由于互联网具有非常复杂的特征，导致各种信息安全风险层出不穷，这都属于技术风险。

②信用风险。信用风险就是平常所说的违约风险。这一风险在金融领域尤为突出，是指在市场交易中出现违约情况而造成损失的可能性，即约定的双方预期收益和实际收益有所差异的风险。从众筹项目来说，其基础来源于募集到的资金，它对于创业者来说是一种成本不高、手续简便的重要融资渠道，为创业者提供了一定的便利条件。

虽然众筹模式发展时间还比较短，发展趋势却势不可挡，但众筹模式也有着自己独有的风险因素。国内有关的法律法规以及政策监管体制还不尽完善，这也使一些系统漏洞被不法分子利用，加剧众筹项目的信用风险。例如，一些不法分子利用虚假身份套用众筹平台的资金，而且由于众筹平台控制项目的募集金额、信息披露以及风险评估等重要漏洞，使不法分子有机可乘。特别是基于"互联网＋"背景下，弄虚作假的成本低廉，信用体系完善程度较低，法律对互联网环境的监管不够完善，信用风险极容易产生，进而对创业的时效性造成非常不利的影响。

③融资风险。融资是指创业者从自身的发展规划和生产情况出发，利用各种渠道进行资金的募集，使创业活动得以顺利进行的一种行为。这是创业者进行创业所必须经历的一个环节，是创业过程中的一个重要组成部分。虽然随着互联网的不断发展出现了许多新的融资方式，但是融资风险在任何一种融资方式中都是不可忽视的，是必然存在的。大部分企业在成立之初都面临着资金短缺的问题。这对企业的业务开展产生了较大的限制，甚至导致企业错失良机，最终以创业失败告终。因此，创业者和创业团队在"互联网＋"背景下进行创业时，更要客观、科学地对融资风险进行评价，将融资风险降低到可控范围内，以确保企业的正常运转。

④管理风险。管理在企业经营过程中具有十分重要的作用，若是不能妥善地管理有关的资金、信息、人员等，将会让企业面临管理风险，而这一风险来源于以下两个方面。

A.信息技术管理本身存在一定的风险。由于大数据、物联网和云计算技术的不断发展和普及，创业项目有关的信息和数据被泄露、更改或者被窃取等。

B.资金管理上存在的风险。若是企业管理不到位，则可能导致资金链出现问题，造成结算资金错划错漏等影响，给企业的发展带来较大的限制。

（3）"互联网+"背景下大学生创业团队的风险成因

①缺乏明确和一致的团队目标。创业者在进行创业的时候，尤其是在起步阶段，一般还未确立明确的目标，团队中还没有形成统一的意向性意见，对团队目标也没有正确的认识。为了更好地确定明确的目标，创业团队需要充分利用互联网创业政策的正确引导，以及创业环境的优势，不断调整创业目标，使其更符合现实发展的需要。

②创业启动资金匮乏。创业团队中的成员一般都没有雄厚的资金和背景，而且收入水平也不高。在创业过程中，启动资金的缺乏成为首要难题，导致创业团队对市场的实际操作能力受到较大限制，创业企业无法根据实际情况进行"互联网+"创业规模的确定，只能选择一些门槛较低的创业途径。而市场竞争的日益加剧和市场环境的不断变化，都给创业企业带来了很大的挑战，导致简单的创业方式通常以失败告终。

③激励机制有待提升。在创业中，创业者可以采取一些激励措施促进团队的活力，使他们保持积极性。有调查显示，创业团队之所以分离，最主要的原因在于利益分配出现问题，因此，为了促进创业企业的可持续发展，在团队中形成一定的激励机制具有重要作用，但是在实际操作中，特别是在创业企业的起步阶段，往往无法评估企业的发展状况，对团队成员做出的努力和贡献也无法准确评估和量化，这导致利润分配方案的制订难度非常大，因而只能采取简单的平均分配原则。由于企业需要不断发展和壮大，简单的平均分配方法无法适应企业利润的增长需要，因而容易出现团队的分离问题。

2.大学生创业风险的防范与控制

通过风险控制能够将风险因素控制到最低，并且能够对规避风险路线进行不断的调整。因此，对风险的控制不但要规避传统的风险因素，同时，还要结合"互联网+"的特征进行风险预测，从而及早地进行防范和控制。

（1）提高创业团队或创业者的个人能力

①增强创业者或创业团队的风险意识。忧患意识将是创业企业可持续发展的前提和基础。创业者需要对风险有正确的认识，并时刻增强预防意识，对利弊因素进行分析和认识。当然，任何一种风险意识都是经过长期的发展、调整而形成的。

首先，创业者需要对风险有一定的认识和了解，从而产生一定的动机；其次，创业者要根据动机的需求制订管理风险政策，并采取一定的管理行为和管理措施积极应对风险。动机是前提条件，而行为和措施则是风险管理的核心内容。

②强化创业者或创业团队的互联网思维。国内经济的一个重要增长点是互联网产业，而且通过互联网，吸引到了越来越多的创业者加入创业队伍中。"互联网+"模式将是经济发展的一个必然趋势，并且和传统行业的融合度也将越来越高。互联网思维是指利用互联网思考和解决问题。

创业者要充分利用互联网的优势，对企业资源进行创新和整合，挖掘客户的最大价值和创新营利模式，对行业壁垒进行突破，为企业打造强劲的竞争优势，实现企业利益的最大化。因此，整合线上和线下的发展模式也是基于互联网进行创业的一个重要特征。同时创业团队也要加强合作意识，营造一个平等、开放、共享和协作的互联网环境，从而最大限度地激发互联网的优势，强化传统业务和互联网的融合程度。

互联网不仅是一种现象，也是一种手段，能够影响创业者战略决策的制订和意识形态的形成，让创业者更清楚地认识到创业的风险所在，并能帮助创业者做出风险决策，为企业的可持续发展规避一定的风险。

③培养创业者或创业团队的法治观念。强化创业者的法治观念，能够帮助创业者运用法律维护自己的权益。

首先，可以规范创业者的行为。任何的创业都需要在法律允许的范围内进行。在社会主义市场经济的不断发展中，市场的规范化发展和不断调整都需要在国家法律允许的范围内进行，这样才能确保市场的公平公正。在创业过程中，也会出现各种法律问题，创业者只有通过法律手段才能合理维护自己的权利不被侵害。

其次，有了法律的保障，才能有效提高创业成功率。创业是具有一定风险的过程，而在这个过程中，也会有法律风险的存在。只有增强创业者的维权意识，才能让创业者在遇到法律问题时采取合法的手段来解决，使创业风险降至可控范围内。强化创业者的法治观念，也能够让他们在创业中正确运用法律手段，正当地参与市场竞争，促进企业的规范化发展。

（2）加强创业团队建设管理

为了有效地控制和防范风险，需要加强团队建设。

首先，要加强团队的专业性。创业者必须建设风险管理部门，并对其做出的决策高度重视；还可以建设风险管理机构，聘请专业的风险管理专家参与管理，使企业能够做出正确的规避风险的决策。此外，还要加强法律专家团队的建设，对《中华人民共和国知识产权保护法》《中华人民共和国投融资法典》和《中华人民共和国劳动法》等进行详细解读，以确保企业的发展符合有关法律的要求，从而促进企业的可持续发展。

其次，要强化团队的向心力。创业过程要重视物质激励的重要作用，并发挥目标激励和环境激励的作用，特别是在"互联网+"环境下，更需要采取合理的激励措施推动企业的长远发展，加强团队的合作精神和凝聚力，使其具备更合理的结构，避免团队因管理不善引发风险，从而确保企业可以稳定发展。

（3）健全创业监管机制

一方面，要对法律保障机制进行完善和健全。创业环境的优化和创业行为的规范都要建立在有法可依的基础上，这样能够将创业损失降至最低。另一方面，要对信用管理机制进行完善。通常情况下，信用体系建设的外部环境优化需要政府的积极引导。个人信用认证体系的完善和透明以及权威信用评级机构的设置等，都是为了完善信用采集、评价、追踪和保障体系。

除此之外，风险信息共享机制的建立和完善也很必要。互联网的最大特征是具有良好的共享性。风险信息共享可以促进创业者之间的沟通和互动，将信用奖惩联动制度予以完善化，而且互联网还具有极好的信息互联和信息能源开发作用，从而突显出信息资源的重要性，并为信息的快速传播和高度共享创造条件。

另外，在创业过程中，创业者的风险承担能力也是一个重要指标。创业者要想提高创业成功率，就必须积极地面对和承担风险，一味地逃避只会让风险往不可控的程度上发展。在创业过程中，创业者是承担的主体，因此创业者只有具备一定的风险承担能力，才能轻松应对来自不同方面的风险，如来自市场、消费者、融资渠道、外部环境以及供应商等方面的风险。创业者只有具备较好的心理素质、认知基础和实践能力，才能在风险出现时更积极和更主动地应对，并做出科学合理的决策，为创业企业的可持续发展保驾护航。

第二节　准备工作之模式选择

随着中国经济结构调整力度的不断增强，商业竞争也已经从产品竞争、企业竞争、产业链竞争过渡到商业模式竞争阶段，因此，大学生创业不但需要学习如何设计商业模式，而且还应更好地理解如何从商业模式的设计中，为企业找到新市场与空白市场，在市场竞争中保持先发优势或构筑结构性壁垒。

一、商业模式的含义

商业模式是一个比较宽泛的概念，与其相关的说法有很多，包括运营模式、营利模式等。一般认为，商业模式是企业整合资源与能力，进行战略规划，以充分开发创业机会，并且实现利润目标的方式。

简单来说，商业模式就是一个企业满足消费者需求的系统。这个系统组织管理企业的各种资源，包括资金、原材料、人力资源、销售方式、创新力等，能够提供消费者无法自力生产而必须购买的产品或服务。

二、商业模式架构

商业模式的构建以企业战略分析与定位为基础。企业根据自身的资源配置，结合营销网络进行产业链分析，明确自身的战略定位，以企业拥有的核心能力和核心资源为重点，有针对性地围绕企业战略制订和实施企业商业模式，以降低产品成本或延伸产品价值，谋求较好的价值收入方式。

商业模式架构包括战略定位、营利模型、价值链、核心竞争力，如图4-2-1所示。

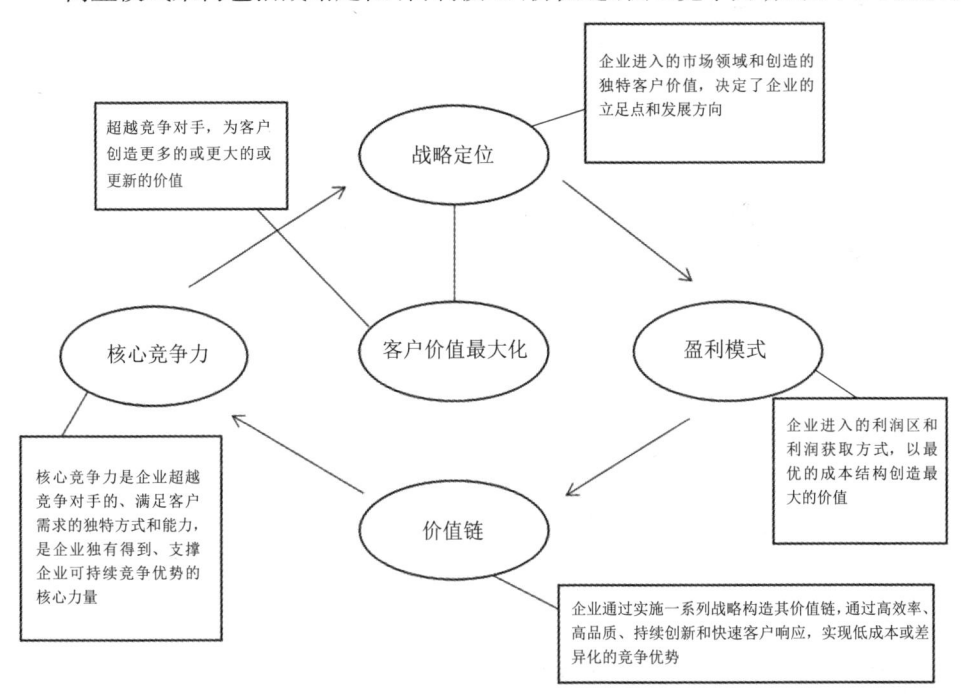

图4-2-1 商业模式的架构

沃尔玛在世界五百强企业中一直居于榜首，2009年由于能源的升值，导致壳牌和美孚上升到前两位，沃尔玛屈居世界五百强第三位，全年营收4056亿美元。家乐福则以营收1291亿美元，排名22位。

显然，两个跨国超市不在一个数量级上，但是，在中国的市场上，家乐福凭借勇猛而灵活的经营战略领先于它的老对手——沃尔玛。我们从以下几方面分析其具体原因。

（一）定位

沃尔玛认为，购物者的喜好和习惯是趋同的，所以它的门店内大部分商品都是标准化的，很多门店都根据总部统一规划好的图纸去摆货架和放置堆头。

家乐福认为，每一个门店周围的顾客群都是独特的，它要做的事情就是去适应这些消费群不同的需求。家乐福的CEO纳德甚至表示："一个零售分店就是它所处地区的缩影，该分店必须适应当地的文化氛围。"

正是这种对购物者需求的不同定位，导致它们选择了完全不同的模式。

（二）利润获取

沃尔玛：通过高效的供应链创造的成本优势，低价销售大众化产品，扩大销售额，获得超过竞争对手的利润。

家乐福：将每一个门店作为一个独立运作的营利中心，通过提供本地化的产品组合和超低价的大众必需品以及收取供货商的合作费用获得利润。

（三）经营模式

沃尔玛：通过统一采购的模式降低成本并实现连锁经营，实施"中央控制门店执行"体系。

家乐福：采用单店管理的模式，每家店都有其独立的采购和销售体系，店长拥有极大的经营决策权。

三、商业模式的设计与开发

（一）商业模式的开发

经济环境的巨大变化促使经济个体（企业）的商业模式及其管理模式不断变革和科学优化。

商业模式（business model）就是企业如何竞争、如何使用资源、如何构建关系、如何与顾客互动的计划或示意图，如图 4-2-2 所示。

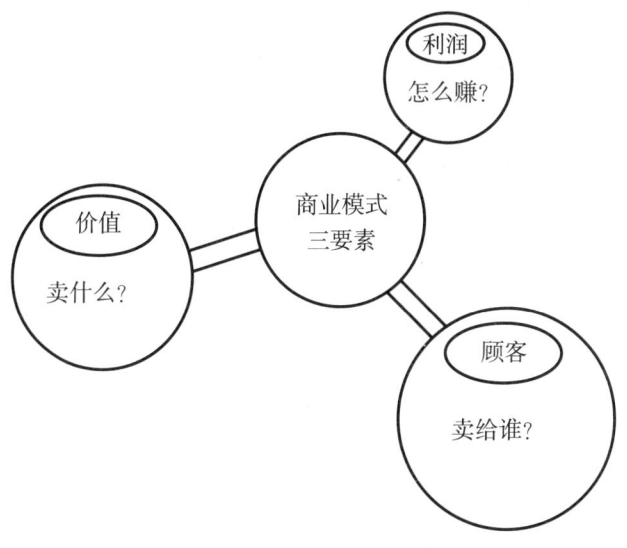

图 4-2-2　商业模式开发

商业模式的重要性体现在以下几方面。

第一，商业模式可作为可行性分析的延伸。

第二，商业模式使人们的注意力集中于企业要素如何匹配以及如何构成企业整体上。

第三，商业模式解释了使商业创意具有可行性的参与者群体为何愿意合作的原因。

第四，商业模式向所有的利益相关者（包括员工）阐述了企业的核心逻辑。

商业模式在开发过程中应当注重创新。所谓商业模式创新，是指对目前行业内通用的顾客创造价值的方式提出挑战，力求满足顾客不断变化的要求，为顾客提供更多的价值，为企业开拓新的市场、吸引新的客户群。只有在创新的基础上，才能够最大限度地创造出成功的商业模式，如图 4-2-3 所示。

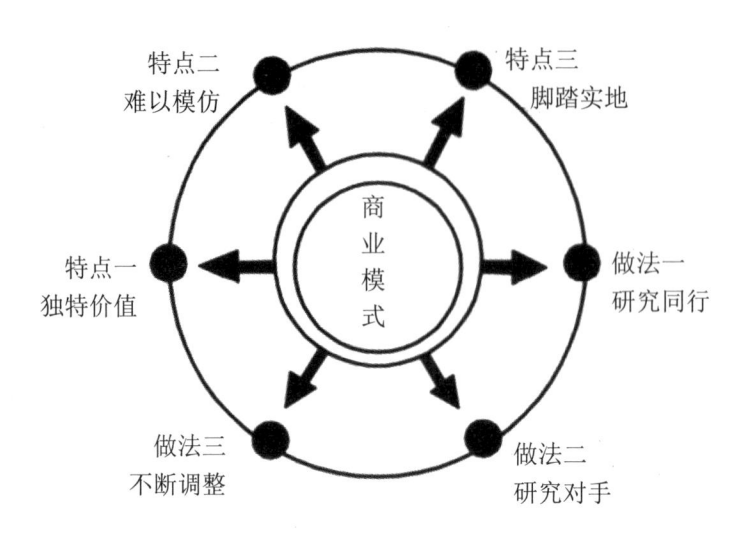

图 4-2-3　成功的商业模式

（二）商业模式设计步骤

1. 客户消费能力分析

企业要根据客户的消费能力来制订计划，根据自己销售的产品特征选择目标客户，同时在客户群定位过程中，要做好客户群的分析调查工作，这是企业进行准确客户定位的前提。企业的经营需要逐步由"以产品为中心"的模式向"以客户为中心"的模式进行转移。

2. 抓住客户的关注点

不同的客户对商品的关注点不一样，企业需要了解目标客户的特点及需求，并根据市场情况和行业经验判断客户的关注点。

3. 表明企业对客户的价值

每个企业都有各自特定的价值，要让客户感知并认可企业的价值。向客户介绍的重点是产品独特的卖点与竞争优势，并说明这些特点与优势可以为客户创造哪些可视性的价值，并找到针对某一问题的共赢的解决方案。

4. 如何让客户知道我们

清晰了产品售卖价值、找到了潜在客户位置后，还要建立起与客户的沟通渠道，通过投放广告、搜索引擎优化等方式增加品牌知名度。在经营销售过程中，还可以利用发放折扣、促销优惠等方式吸引潜在客户。

5.如何将产品送达客户

实体商品利用快递或开设直营门店等方式送达客户，虚拟商品利用邮箱、APP商店等方式送达客户。

6.融资

在企业的创办和经营过程中如果没有持续的现金供给就会出现现金断流，这就产生了融资的需求。资金需求是以经营中的现金为依据的。成功的融资要找到正确的融资渠道，规划适宜的融资方式，制订合理的融资计划书。

7.打造优秀的创业团队

人力资源是企业发展的关键要素，成功组建与管理创业团队是成功的创业者需要具备的主要能力之一。

8.风险投资

风险投资基金是以一定方式吸纳个人和机构的资金，然后投向一些不具备上市资格的中小企业及新兴企业，无须风险企业的资产抵押担保，手续相对简单。现在成功的企业，如百度、阿里巴巴等，都是通过风险基金的支持建立发展起来的。

四、商业模式设计工具——画布

（一）精益画布

商业包含4个主要方面，即客户、服务或产品、基础设施和生存能力。为了有效地执行计划和达成预期目标，创业企业需要一个清晰、完整的商业模式。

为了能更快、更全面地分析一种商业模式，创业者需要使用比固化的、大篇幅且耗时久的创业计划书更简单和更具有弹性的计划来描述并分析自己的创意。

1.精益画布的基本要素

精益画布非常适合用来进行头脑风暴，帮助创业者思考和讨论可能的商业模式，确定从哪里开始第一步，还可以用来记载持续的学习过程。精益画布由9个模块组成，如表4-2-1所示。

表 4-2-1　精益画布的构成

1.问题 找出最需要解决的三个问题	4.解决方案 确定产品最重要的三个功能	3.独特的卖点 用一句简明扼要但引人注目的话阐述为什么你的产品与众不同，值得购买	9.门槛优势 无法被对手轻易复制或者买去的竞争优势	2.客户群体分类 找到目标客户
	8.关键指标 应该考核哪些东西		5.渠道 如何找到客户	
7.成本分析 争取客户所需要花费、销售产品所需要花费、网站架设费用、人力资源费用等				6.收入分析 营利模式、客户终身价值、收入、毛利

（1）问题

大部分初创公司失败，并不是因为其没有做出自己想要的东西，而是因生产错误的产品而浪费了时间、金钱和精力。

（2）客户群体分类

设定一个企业想要接触和服务的不同人群或组织。

（3）独特的卖点

描述为特定客户细分创造价值的系列产品和服务。

（4）解决方案

一旦理解了问题，那么下一步就要顺理成章地制订解决方案。

（5）渠道

描述公司是如何接触其客户并与客户沟通而传递价值主张。

（6）收入分析

描述公司从每个客户群体中获取的现金收入（需要从创收中扣除成本）。

（7）成本分析

描述运营一个商业模式所产生的所有费用。

（8）关键指标

不管在创业的哪个阶段，一般只有几个重要指标。如果没有找准关键指标，而把资源用在了追逐错误的目标上，那么对创业公司将会是毁灭性的打击。通常来说，初期关键指标应该紧贴自身价值主张，应该进一步转换到关键增长引擎上。

（9）门槛优势

只有极少数创业公司在创始初期就有真正的门槛优势，所以这个构造块应该先留空。一旦创业公司取得了一些成绩后，竞争者或者抄袭者就会进入这个细分市场，如果没有阻碍它们的壁垒，那么创业公司将会承受被后来者逼出市场的风险。

2. 精益创业画布的制作步骤

制作精益创业画布的过程可以分为以下3个步骤。

（1）写出初步计划

大学生创业者在编写初步计划时，不要刻意追求提供最好的问题解决方案，而要试着形成一整套完整的商业模式，并保证在该模式下所有元素都能够相互配合。编写初步计划的要点如下。

①迅速起草1张画布，在第1版画布上消耗的时间最好不超过15分钟。

②画布中有部分内容空着也没关系，要么马上写下来，要么就留白。

③尽量做到短小精悍，将商业模式的精华部分提炼出来。

④站在当下的角度来思考，想想下一步应该先测试哪些想法。

⑤以消费者为本。

（2）找出风险最高的部分

阿什·莫瑞亚认为创业一般分为3个阶段，如图4-2-4所示。第1阶段的核心是对要解决的关键问题提出一套最为精简的对应方案，可称之为"最简可行产品"；第2阶段的核心是检验企业所提供的产品和服务是不是消费者想要的，消费者是否愿意为此付费；第3阶段的核心是明确怎样才能使企业快速发展壮大。通过验证商业模式的各个环节，及时对不合理的环节进行改善，以便加速执行优化方案。

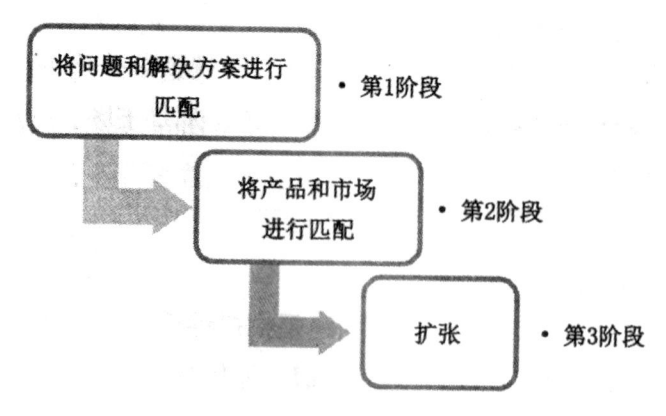

图 4-2-4　创业的 3 个阶段

（3）测试计划

对商业模式的各个环节进行参与式观察，可以有效地测试该商业模式的可行性。

（二）商业模式画布

商业模式画布不仅能够提供更灵活多变的计划，而且更容易满足消费者的需求。更重要的是，它可以将商业模式中的元素标准化，强调元素间的相互作用。下面将介绍商业模式画布的基本要素和制作步骤。

1. 商业模式画布的基本要素

商业模式画布主要由 9 个模块组成。这 9 个模块之间相互作用、相互关联，它们之间的关系如图 4-2-5 所示。

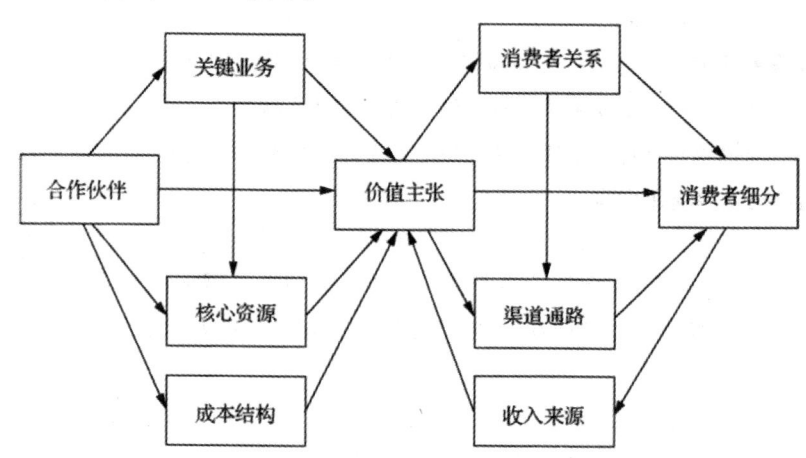

图 4-2-5　商业模式画布各模块间的关系

下面具体介绍各模块的含义。理解每个模块的含义及其相互关系之后,大学生创业者就可以按照特定的流程,利用商业模式画布来设计属于自己企业的商业模式了。

（1）价值主张

价值主张是指通过迎合细分群体需求的独特组合来创造价值。价值可以是定量的（价格、服务速度等），也可以是定性的（设计、消费者体验等）。价值主张应解决的问题如下。

①应该向消费者传递什么样的价值？

②正在帮助消费者解决哪些难题？

③正在满足消费者的哪些需求？

（2）消费者细分

消费者细分是指企业经过市场划分所瞄准的消费者群体。消费者群体细分的类型表现为大众市场、利基市场、多边化市场、多边平台市场及区隔化市场。消费者细分所要解决的问题如下。

①正在为谁创造价值？

②谁是我们最重要的消费者？

（3）渠道通路

渠道通路是指企业用来接触消费者并将价值主张传递给消费者的各种途径。常见的渠道通路有直接渠道、销售队伍、自有店铺、合作伙伴店铺等。建立渠道通路时应思考以下问题。

①渠道如何整合？

②哪些渠道最有效？

③哪些渠道经济效益最好？

④如何把渠道和消费者的联系与沟通过程进行整合？

（4）消费者关系

消费者关系被用来描述企业与特定消费者细分群体建立的联系,主要是指信息沟通反馈。消费者关系的类型表现为直接关系、间接关系、交易型关系等。建立消费者关系时应思考以下问题。

①每个消费者细分群体希望企业与之建立和保持何种关系？

②建立这些关系的成本如何？

③哪些关系已经建立？

④如何把消费者关系与商业模式的其余部分进行整合？

（5）核心资源

每种商业模式都需要核心资源，这些资源使企业能够创造和提供价值主张、接触市场、与消费者细分群体建立关系并赚取收入。核心资源可以是实体资产、知识资产、金融资产及人力资源。

（6）关键业务

关键业务是指为了确保其商业模式的可行性，企业必须要做的重要事情。关键业务可以分为制造产品、解决问题、建立平台或网络等类型。建立关键业务时应思考以下问题。

①价值主张需要哪些关键业务？
②消费者关系需要哪些关键业务？
③取得收入需要什么样的核心资源？

（7）收入来源

如果消费者是商业模式的心脏，那么收入来源就是动脉。收入来源的途径主要有两种：一种是通过消费者一次性支付而获得的交易收入；另一种是来自消费者为获得价值和售后服务而持续支付的费用。建立收入来源时应思考以下问题。

①什么样的价值能让消费者愿意付费？
②消费者更愿意如何支付费用？
③每种收入来源占总收入的比例是多少？
④消费者是如何支付费用的？

（8）合作伙伴

合作伙伴即企业为有效提供价值主张而形成的合作关系网络中的其他企业。合作关系主要有上下游关系、互补关系、合资关系、非联盟合作关系等。

（9）成本结构

成本结构被用来描绘运营一个商业模式所需要的所有成本。成本结构分为成本驱动和价值驱动两种类型，前者侧重低价的价值主张，后者侧重增值型的价值主张和高度个性化的服务。建立成本结构时应思考以下问题。

①哪些核心资源花费最多？
②哪些核心业务花费最多？
③什么是商业模式中最重要的固定成本？

2. 商业模式画布的制作步骤

将画布打印出来或在白板上画出来，团队成员共同描绘和讨论商业模式中的

9个模块，这样就可以最大限度地发挥画布的价值，例如，图 4-2-6 就是与苹果公司 iPod、iTouch 相关的商业画布。下面将介绍商业模式画布的制作步骤。

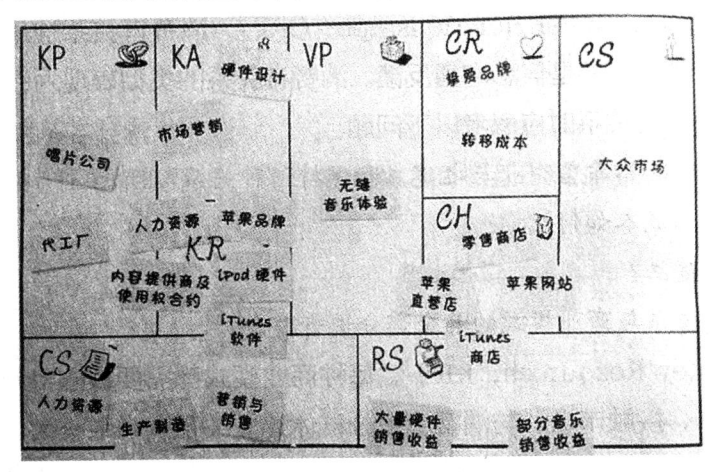

图 4-2-6　商业模式画布案例

（1）描绘消费者细分市场

开始设计商业模式时，先描绘出企业所服务的消费者细分市场。根据消费者细分群体的不同，将不同颜色的便利贴贴在画板上，用来代表一个特定的群体，并描述其特定需求。

（2）描述对价值主张的理解

描述对每个消费者细分群体所提供的价值主张的理解，应当使用相同颜色的便利贴代表一个价值主张和对应的消费者细分群体。如果一个价值主张涉及两个差异很大的消费者细分群体，那么应当分别使用这两个消费者细分群体对应颜色的便利贴。

（3）用便利贴完成各个模块任务

使用便利贴将企业商业模式中所有的剩余模块标示出来。相关的消费者细分群体使用同一颜色的便利贴。

（4）评估商业模式的优劣势

映射出整个商业模式后，开始评估商业模式的优劣势。将代表优势和代表劣势的不同颜色的便利贴分别贴在商业模式中运行良好的模块和有问题的模块旁边。

（5）对现有商业模式进行改进

可以在步骤（1）—（4）所产生的画布中对现有商业模式进行改进，也可以另外设计一个全新的商业模式。在理想情况下，可以使用一个或几个商业模式画布来改进现有商业模式。

五、几种常见的商业模式

目前，典型的互联网商业模式有以下几种，分别是O2O商业模式、平台商业模式、免费商业模式、长尾型商业模式。

（一）O2O商业模式

O2O（Online to Offline，在线离线/线上到线下）是指将线下实体店与互联网结合，通过O2O平台进行下单付款，然后线下进店消费。这种方式可以将店铺信息和口碑在消费者（特别是年轻消费者）中更快、更远地扩散，可以量化消费数据、追踪交易，同时还能较容易地传递面对面的实体服务与品牌价值。

O2O是互联网与传统商业模式结合的一个非常好的突破口，是很多传统产业向互联网行业跨界的切入点。

O2O的两个"O"分别是线上和线下，本质是连接，即连接虚拟世界和现实世界。O2O商业模式如图4-2-7所示。

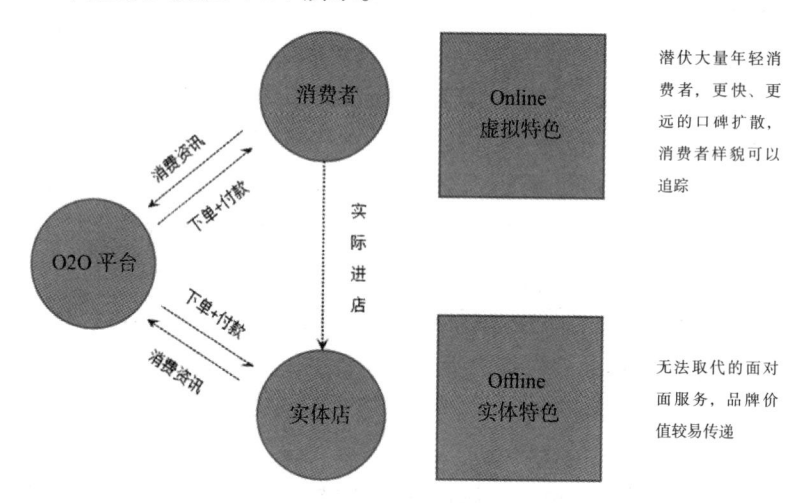

图 4-2-7　O2O商业模式

O2O商业模式的优势在于将线上的价格优势和线下的产品、服务优势集于一身；信息获取更加全面、快捷；销售数据全面量化。由于推广效果可查，每笔交易可跟踪，因此，通过客户关系管理可以使商家保持与客户的联系和互动，及时地发掘和满足客户的相关需求。这些都提高了用户的消费体验感。

O2O 商业模式具有需求明确、流通顺畅以及质量可控三个要素，如图 4-2-8 所示。

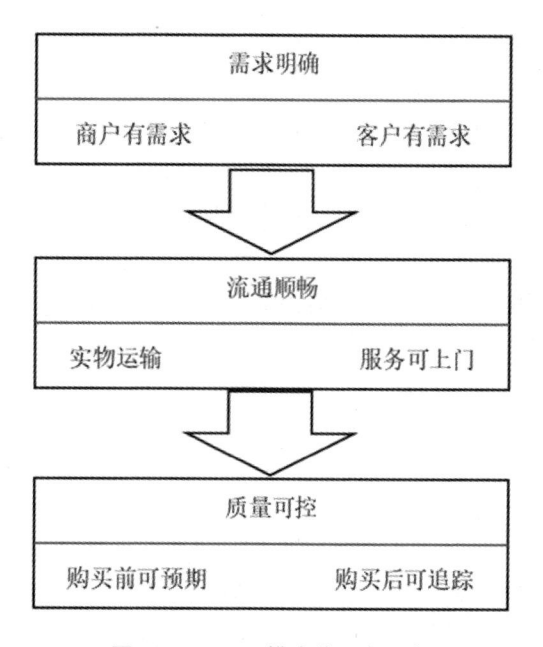

```
┌─────────────────────────────────────┐
│            需求明确                  │
├──────────────────┬──────────────────┤
│   商户有需求      │   客户有需求      │
└──────────────────┴──────────────────┘
                  ▼
┌─────────────────────────────────────┐
│            流通顺畅                  │
├──────────────────┬──────────────────┤
│   实物运输        │   服务可上门      │
└──────────────────┴──────────────────┘
                  ▼
┌─────────────────────────────────────┐
│            质量可控                  │
├──────────────────┬──────────────────┤
│   购买前可预期    │   购买后可追踪    │
└──────────────────┴──────────────────┘
```

图 4-2-8　O2O 模式的三个要素

O2O 发展至今可以归纳为以下三个阶段。

第一阶段（2004—2008 年）。这一阶段的 O2O 模式的特征是企业与用户线上交易，用户再到线下消费产品和服务。这种商业模式的优势是低成本，但需要有足够大的用户数支撑。传统电商可以说是 O2O 最早的雏形，他们做的就是把书店、专卖店、小商小贩的产品搬到网络上。

第二阶段（2008—2011 年）。这一阶段为移动互联网萌芽期，移动互联网时代的 O2O 有着强大的解决资源错配的能力，同时适用于广阔的物理空间，这降低了电商平台的成本。O2O 模式超越了 B2C 模式的禁锢，与传统行业开始融合，创造了无数新的业务机会，社区 O2O、餐饮 O2O、旅游 O2O、租车 O2O 成为主要的创业领域。此阶段竞争加剧，线上体验已经比较完善，点评、互动等功能受到消费者追捧，用户消费后，再到线上进行体验分享。

商家营销推广和互动意识增强，各种线上优惠券、打折券纷纷兴起。此外，基于位置服务（Location-based Service，LBS）技术开始推广，实现了基于位置的精准广告投放。例如，第三方消费点评网站——大众点评，其运营理念就是通过移动互联网，结合地理位置以及网友的个性化消费需求，为网友随时随地提供餐饮、购物、休闲娱乐及生活服务等领域的商户信息、消费优惠并发布消费评价。

第三阶段（2012年至今）。这一阶段，移动互联网兴起，线上体验趋于完善，商户的竞争转向了线下体验，经营领域越来越垂直、专注，聚焦"小而美"的产品。伴随着微博、微信的发展，出现了粉丝经济和微商，消费者追求极致的用户体验。

社区O2O在2015年持续激增，围绕上门服务或"最后一公里"配送的社区O2O，已经吸引了众多创业团队以及资金雄厚的平台级选手。社区O2O的创业门槛主要来自服务难以标准化，当用户达到一定规模后，能否持续保证稳定的服务质量，是社区O2O项目能否成功的关键，未来这个领域将进入速度和质量的综合比拼阶段。

（二）平台商业模式

平台商业模式的组成有三个要素：平台、供给方（卖家或商家）、需求方（买家或消费者），如图4-2-9所示。

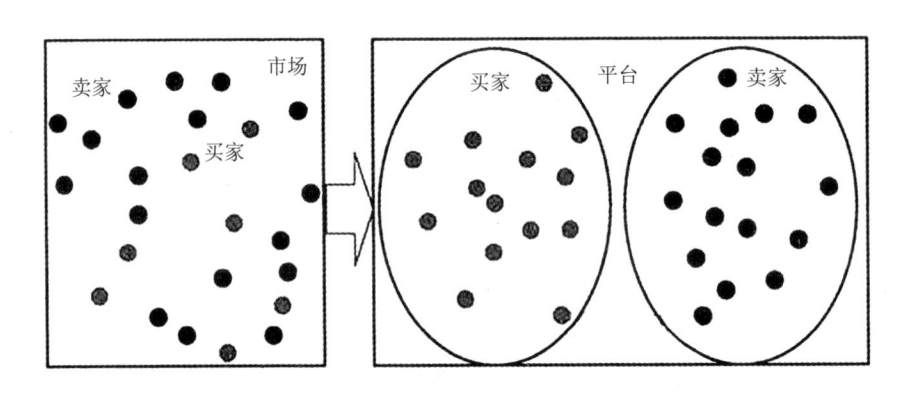

图4-2-9 平台商业模式的组成三要素

买家和卖家一起构成平台的主要利润来源。平台除了向供给方收取费用，包括广告费、技术服务费、交易抽佣、资源收费、数据方面的客户管理费用、促销管理费用等外，还可以通过巨额的流动资金进行金融变现。在平台上，商家提供产品和服务，通过产品利差实现营利，而买家是产品和服务的最终买单者。只有迎合了买家喜好的平台商业模式才能实现平台的持续发展。平台演化会导致平台方的营利方式发生转变，引起平台商业模式的演化。

选择平台战略的企业需要提供给用户有着巨大黏性的服务。一般而言，有以下三个需要满足的条件。

①为用户提供一个强需求产品，并根据用户体验进行改进和提升。例如腾讯针对社交需求，推出即时通信产品。

②能实现信用运营。例如，淘宝的点评功能、第三方支付中介支付宝、商家认证等。

③形成行业壁垒。这种商业模式也存在着一定的弊端，那就是极易被他人复制，因此在选择这种商业模式时，务必要形成企业自身的核心价值，也只有这样才能避免他人的复制，从而减少客户的流失。例如，在社交方面对用户心理的把握，就是腾讯平台的核心优势。腾讯用 QQ 和微信培养出用户在 PC 端和移动端的使用习惯，聚集了数以万计的活跃用户。当有了一定数量的稳定用户后，再围绕这个产品进行平台演化：从寄生到共生，再到衍生，形成一个庞大而稳定的生态系统。

平台发展到衍生阶段后，产品更为多元化和多样化，对消费者的吸引力会增大，消费者的活跃度也会提升，从而提高交易成功率和商家的收益，吸引更多商家入驻。

（三）免费商业模式

1. 免费商业模式的营利方式

所有的免费最终都要通过其他渠道实现营利，免费商业模式的营利方式总结起来可以分为以下三点。

（1）直接交叉补贴

所谓的直接补贴主要指的是企业在经营过程中为了赚取利润，在商品销售中将其中一种产品让利给客户，而后将另外一种产品的营利补贴亏损产品。例如，在中国移动或者中国联通的营业厅内，有免费赠送手机的活动，当然条件是之后两年每个月都要花很多钱打电话；或者向客户赠送一笔话费，但前提是要购买指定的某款手机。

（2）第三方市场

企业向特定的消费者群体提供免费的服务、体验或者商品，并吸引对这部分消费者感兴趣的相关品牌来投放广告，所得收入中的一部分用于再投入，其余则作为营利。例如，现在的很多手机游戏，除为玩家提供增值服务来营利之外，还通过在游戏中直接插入广告，或者是通过让玩家观看广告以获得一定游戏奖励的形式来投放玩家可能感兴趣的广告，收取广告费用作为营利。

（3）免费+收费

这种模式在互联网背景下非常常见，向全部用户提供免费的最基础的服务，并开发部分增值服务让用户付费使用。

2.免费商业模式的三个关键要素

（1）规模

免费模式如果想要做到交叉补贴，那么就必须要拥有足够的规模，没有一定的规模就无法接纳足够的付费人群来维系运营。正如微信把用户群规模做得如此庞大，任何一种营利方式都可以给微信团队带来可观的营利。

（2）优质

产品和服务自身还是需要足够优质，甚至应该比过去的付费产品、付费服务更加优质，这样才能具有足够的竞争力。

（3）资金

由于免费模式前期推出的产品与服务都是免费的，因此基本可以说算零收入，因此为了后期的维护与开发，就需要企业投入更多的资金。

（四）长尾型商业模式

长尾型商业模式是由克里斯·安德森提出的（图4-2-10）。这种商业模式突破了传统零售业的物理限制，用极低的资本投入和运营成本销售几近无限的商品种类，这就是长尾商业模式中所着重强调的多样少量，满足更多用户的需求。

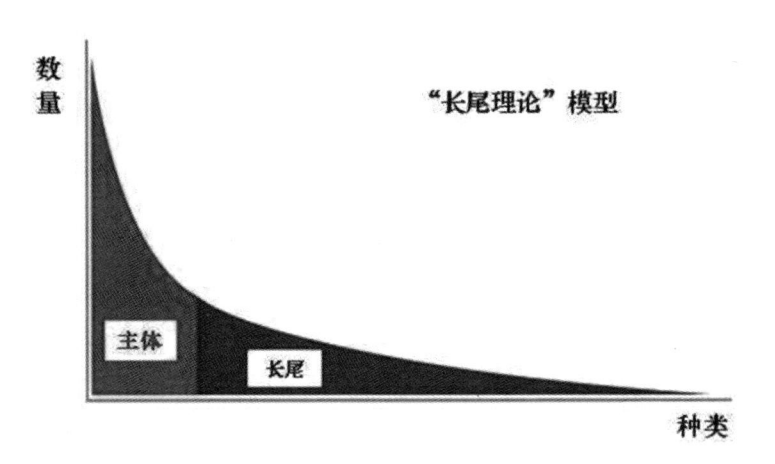

图4-2-10　长尾理论模型

工业时代的商业模式是B2C，它是以商家为核心来推动消费的，而长尾模式的一个很重要的特点就是"大规模定制"，即以用户为核心的C2B模式。根据消费者的需求来生产其想要的个性化产品，之所以采用定制的方式，其目的是最大程度上消灭存货给企业带来的运营压力。此外，从理论上来讲"先定制，后销售"的模式是不会产生存货的。也正是在这种环境下，企业的生产模式从传统的大规模、批量生产转变为了大规模定制生产，随后再转变为个性化生产，生产经营效率日益提高。

六、商业模式创新中的风险与防范

（一）宏观行业风险

政府政策支持力度、法律法规完善程度、社会经济稳定性都会影响宏观行业风险，因此，企业进行"互联网+"商业模式创新首先要加强对国内政策的研究。企业战略的制订与核心业务的开展需要紧跟国家和政府的政策与制度，通过对现行政策的解读以及对法律法规、知识产权等的了解，企业在"互联网+"商业模式创新中能够与社会经济发展走向、国家政策扶持方向保持一致性，不仅能够顺应国家战略需求，还可以得到相关的政策优惠与保护。因此，企业需要密切关注政府政策变化、宏观经济走势，分析同行业的发展周期，采取积极应对、灵活变通的防范措施。

（二）技术驱动风险

大数据与云计算应用程度、人工智能技术发展程度、技术成熟度都会影响一个企业的发展。企业可以采用全面技术创新与跟随式技术创新相结合的方式，在创新实践的初期，企业需要选择具有一定的商业价值的技术进行转变升级，或者可以首先投入那些难度与复杂度比较低的技术，增加技术的转化率。

企业可以与相关企业、科研机构、高校或其他组织积极合作，与有实力和经验的企业建立创新战略联盟，在数据库、云计算、人工智能及技术平台等方面进行产业技术资源整合，进而推动创新，实现优势互补、风险共担和利益共享。

另外，企业可以从业务能力相对比较薄弱的部门出发，进行信息化建设，加强互联网信息系统的投入与实施，通过大数据与人工智能等技术，实现业务的电子化、一体化、规范化等操作，降低因人为操作而产生的低效率。同时，企业应加强技术预测，以有效避免因开发方向失误而引发的巨大风险，对于技术的研发周期、投入资金、操作难易度、转化难易度等进行全面的考察与评判，对互联网融合后的抗技术风险能力进行定期鉴定。

（三）业务与人力风险

企业的营利能力、融资能力以及研发能力都会影响业务与人力风险。企业可以通过公司上市、信贷融资、公司内部股权融资等多种渠道来增加获得资金的方式，也可以通过并购或者股市的投资来实现外部融资的增加，并加强与专业融资管理咨询公司的广泛合作；还可通过线上线下不同的交易时间与交易地点，提供多样的支付方式，借助互联网平台进行推广与促销，通过增加销量、拓展销售渠道来保证收益的稳定与提升。与此同时，人力对于企业营利能力有着至关重要的作用，企业的收益需要与员工的个人发展联系起来，调动员工的积极性与创造性才能够为企业创新提供动力，为企业营利提供源泉。

（四）网络安全风险

网络安全风险是企业进行"互联网+"商业模式创新过程中的关键风险，对于"互联网+"相关企业而言，网络系统是为消费者提供良好的使用体验的基本保证，同时也是对企业进行服务和对不同部门进行管理的基础。现阶段，绝大多数企业对于网络系统能够提高消费者感知价值的作用还没有深入的认识，因此企业还需关注网络系统的安全性以及运行的稳定性，并采取措施以降低网络安全风险。

企业可以通过成立一个专门负责网络运营以及安全维护的组织部门——数据信息安全部，来增强对数据信息的保密工作。该部门工作人员主要负责企业网站的更新维护、企业信息系统的检查维修以及企业生产运作、采购、销售、库存等系统之间的对接等。与此同时，企业还应加大信息系统的研发投入，加强网络系统的维护与更新。

（五）供应链关系风险

在供应链关系风险中，合作伙伴控制质量风险和信息风险的水平、供应商议价能力和提供商品与服务的稳定水平、企业竞争者的价格策略和技术模仿能力，都会对企业"互联网+"商业模式创新产生较大的影响。企业要对自身及外部环境有充分的认知，才能通过对这些信息的评估来筛选供应商和合作伙伴。同时对于要选择的供应商及合作伙伴，企业还应考察它们的业务能力、合作可信度、与企业的兼容程度、企业的社会责任感以及企业声誉。企业在维护自身利益的基础上，制订出合理的交易模式与利益分配方式。企业还需设置在价值网络中出现突发情况下的退出壁垒，形成书面文件或者契约合同以督促合作伙伴。在双方合作期间，企业应加强与合作伙伴的交流，建立奖惩制度以促进双方企业共同进步。

第三节　准备工作之项目筛选

一、创业项目筛选的原则

（一）优势原则

优势原则是指大学生创业者在选择创业项目时要能突出自己的优势，要做自己最擅长的事，进入自己最熟悉的领域，选择自己资源最多和优势最明显的项目，也就是做这个项目时最能突出大学生创业者在专业知识、专业技能、人脉关系、市场资源、行业经验等方面的优势。比如有些大学生创业者是学计算机专业的，那么做 IT 项目或工业自动化项目就比较适合他们；如果大学生创业者是学设计专业的，那么文创设计类项目就可能比较适合他们。

（二）政策原则

政策原则指的是大学生创业者选择的创业项目一定要符合国家政策、产业政策和地方政策。国家、产业和地方扶持政策背后有资金和税收等方面的支持。如果大学生创业者选择的这个项目在政策的允许和鼓励范围内，就有机会获得政策的扶持和助力。比如大学生创业者想做一个益智机器人的项目，而国家和产业政策扶植机器人产业的发展，所以就比较适合；如果大学生创业者想做一个石墨烯电池的项目，而国家有新材料产业扶持政策，这个项目的方向也没错；如果大学生创业者想做一个存在废气排放的粉末冶金项目，而国家已经出台大气污染治理政策，这个项目和国家政策方向相违背，就不太适宜去做。

（三）需求原则

需求原则指的是大学生创业者所选择的创业项目一定要有市场需求，最好是有刚性需求和紧迫性需求，同时还要有一定的潜在服务需求。这个市场要足够大，市场容量在 10 亿元、20 亿元或 50 亿元以上最好。比如随着我国老年化的人群越来越多，养老和健康的服务需求越来越多，那么养老院、老人护理、健康美食、健康旅游行业就会有很多新的市场机会。

（四）价值原则

价值原则是指大学生创业者所要选择的创业项目一定要有价值，要能挣钱，要能产生利润，并且产品的附加值越高越好。大学生创业者要去寻找产品销售后净利润和毛利润高的项目产品。比如说大学生创业者想做一个项目，年收益可达10万元，而另一个项目年收益可到20万元，很明显第二个项目在同等时间内获得的收益比第一个项目多，从获取收益的角度来说，自然应该选择第二个项目。再比如，我们想做一个快递相关的项目，利润率只有10%，而另一个培训项目的利润率可以达到18%，很明显培训项目比快递项目利润率高、附加值高，自然是选择培训项目更好一些。

（五）知己知彼原则

大学生创业者在选择创业项目时需要铭记4个字：知己知彼。

所谓知己，就是指大学生创业者在选择创业项目之前，应该对自己的状况有一个清楚的认识和判断。例如，自己可以提供多少创业资金，自己的兴趣和爱好是什么，自己的知识积累和人脉状况如何，自己在性格上有哪些优势和弱点等。从大学生创业者自身的角度来看，自我认识越深入详尽，就越容易找到适合自己的创业项目。

所谓知彼，就是指大学生创业者要了解创业地区的社会经济环境，既要认真分析当地的发展政策（包括产业结构政策、金融政策、税收政策等），又要认真分析当地的消费情况（如居民的购买力水平、购买习惯等），还要认真分析当地的自然资源和人文资源（包括具有市场开发价值的工业原料和农林渔牧产品、传统的生产加工技术、独特的自然环境和人文景观等）。

（六）竞争性原则

竞争性原则指的是大学生创业者所选择的创业项目的市场竞争对手不能太多，竞争对手的实力不要太强，这样才有赢得市场份额的机会。如果大学生创业者进入一个红海市场，竞争对手林立，还有很强的竞争力，大学生创业者就很难在市场中获胜，项目做得会很吃力、很费劲；如果大学生创业者进入一个蓝海市场，竞争者很少，竞争力也不强，那就有机会迅速占领一定的市场份额，让项目快速成长起来。

（七）以市场为导向原则

不少大学生创业者一味地认为，哪个行业热门、利润高，创业时就应选择哪个行业。其实这种想法是错误的。大学生创业者必须树立"企业是为解决消费者需求而存在的"这一理念，这样才能确保企业稳定发展。

创业项目的选择是以市场为导向的，因此必须从社会需求出发。大学生创业者要想明确社会需求，就一定要做好市场调查。尤其是对于首次创业的大学生创业者而言，对市场进行详细的调研更是不可缺少的。对市场进行调研可以从消费者和竞争对手两方面入手。

1. 了解消费者

消费者有性别、年龄、文化水平、职业等方面的差异，大学生创业者可根据这些因素对消费者进行分析、归类，把他们细分成多个消费者群体，每个消费者群体对应一个细分市场。因此，大学生创业者在选择创业项目时一定要明确自己所服务的消费者群体及他们对产品或服务的需求程度。消费者需求越强，创业项目就越容易实行。

2. 了解竞争对手

大学生创业者要不断地采用各种方式去了解自己的竞争对手，判断彼此间的竞争属于恶性竞争还是良性竞争。如果属于恶性竞争，大学生创业者应考虑自己的产品或服务有没有独特的优势来应对，或者考虑转向其他项目。

因此，大学生创业者不应该执着于竞争激烈的热门项目，而应该着重考虑有特色的新项目。需要注意的是，有些项目虽然很有特色，但是消费者不一定认可，所以大学生创业者应该选择既有特色又有市场需求的项目，这样才能提高创业成功率。

（八）投资性原则

投资性原则指的是大学生创业者所要做的项目要满足投资规模不大、投资周期不长、投资回报率高、投资回收期短、投资风险较小等要求。投资规模不大意味着项目容易启动，投资周期不长意味着项目可以很快上马，投资回报率高意味着项目投资收益比较理想，投资回收周期短意味着可以尽快收回项目投资，投资风险小意味着容易把控项目的风险。

（九）自有资源优先原则

大学生创业者在了解了创业环境之后，应该从中甄选出可以重点利用和开发的资源。甄选时应贯彻自有资源优先原则。

自有资源就是大学生创业者本人拥有的或可以直接控制的资源，包括专有技术、行业从业经验、经营管理能力、个人社会关系、私有物质资产等。与其他非自有资源相比，自有资源的获取和使用成本往往较低。

二、选择创业项目的策略

选择创业项目的过程是一个实践的过程，需要大学生创业者具备很强的创新、创造能力。随着国家"以创业带动就业"政策的出台，创业成为很多大学生的首要选择，但其成功率极低。其原因之一就是大学生创业者在创业初期未能发掘一个适合自己的、有生命力的创业项目。如果大学生创业者在选择创业项目时采用科学的方法，准确识别和把握市场机会，就可以大大提高创业成功的概率。选择创业项目的策略如下。

（一）先加后减策略

大学生创业者在选择创业项目时，要开阔视野、扩展思维、拓宽选择范围，即"做加法"。具体做法如下。

①多阅读一些创业人物传记、贸易出版物、财经图书等来开阔自己的视野，培养自己的创业感觉和兴趣。

②多参加一些投资贸易洽谈会、博览会及有针对性的创业项目洽谈会、创业项目大赛等，从而开阔眼界、刺激思维。

③多参加一些创业讲座、小企业管理课程等，多结交经销商、批发商、企业人士等，通过与他们的相识、交流以及向他们请教来获取项目信息。

④通过"创业计划大赛""创意吧"等创新活动，打开自己的创新思维，获取项目信息。

"做加法"后，大学生创业者脑海中可能会产生许多的创业项目，此时就需要结合相关的评价指标、筛选机制将一些不能做或不适合做的项目逐一排除，即"做减法"，如将政策限制的项目、启动资金较大的项目、不环保的项目排除掉。

（二）条件筛选策略

在运用先加后减策略得到一部分创业项目后，大学生创业者还需要从中进行筛选。筛选过程可按以下3个步骤进行。

1. 根据自己的兴趣进行筛选

大学生创业者可以把最想做的创业项目挑选出来，即从兴趣出发。兴趣是一个人进行认识和实践的动力，影响着大学生创业者的能力和知识结构的形成。如果选择了自己感兴趣的创业项目，大学生创业者就会倾注全部心血，用坚忍的意志来督促自己不断努力。

2. 根据自己的能力进行筛选

大学生创业者可以把自己能够做的创业项目挑选出来，即从自有资源出发。在选择创业项目时，大学生创业者虽然要考虑自己的兴趣，但又不能只凭借兴趣，否则还是有很大的风险。自有资源一般包括技术专长、行业经验、经营策略、管理能力及个人社会关系等，这些是完成创业项目的切实保障。

3. 根据市场需求进行筛选

大学生创业者可以把具有市场需求的创业项目挑选出来。选择创业项目时必须以经济效益为导向，从市场需求出发，才能取得理想的结果。

经过以上3轮筛选后，能够同时满足3个条件的创业项目就是适合大学生创业者的创业项目。

（三）市场调查策略

选好适合自己的创业项目后，大学生创业者还要对这个项目进行市场调查，以判断其可行性。大学生创业者在进行市场调查时应抓住以下3个关键点。

1. 确定调查目标

大学生创业者要确定市场调查的目标，即明确目标人群的组成，判断自己的产品或服务能否满足其需求等。

2. 把握调查要点

把握调查要点的关键是满足客户的需求。客户需求就是客户通过购买大学生创业者的产品或服务来实现的需求上的满足。客户需求的满足分为以下两种情形。

①这种需求已经存在，但还没有被满足。

②已有的产品或服务能够满足客户需求，但大学生创业者提供的产品或服务的客户价值更高。所以，大学生创业者应该用有限的资源创造出最大的客户价值。

3. 处理与分析数据

大学生创业者应对调查结果进行数据处理与分析，通过对数据的处理与分析，了解创业项目的市场需求，从而对项目进行有效的市场预测和决策，为创业成功提供保障。

三、创业项目筛选的具体步骤

了解了创业项目筛选的六大原则之后,大学生创业者就可以筛选他们想到的创业项目了。一般来说,项目筛选也是有流程的,我们可以把项目筛选分为8个步骤,即市场需求分析、市场容量分析、项目优势分析、政策性分析、营利性分析、投资性分析和竞争性分析。

(一)市场需求分析

在筛选创业项目时,第一步首先要从市场痛点入手,从市场需求入手。在思考和研判市场服务需求时,还要考虑这些需求是属于刚性需求还是一般需求,是属于紧迫需求还是潜在需求。如果确实存在刚性和紧迫的需求,那就有购买服务的市场机会,可能就是创业项目的一个选取点;如果是潜在需求,可能市场还需要培育一段时间,那就可以多关注一下,但不要急于马上启动这个项目。比如现在我国很多人患有糖尿病,那么针对糖尿病患者的便捷检测仪器、治疗药物和饮食保健方法,就有刚性的且紧迫的市场需求;再比如我国随着生活水平的提高已经进入老龄化社会,老年人越来越多,健康养老已经成为刚性、紧迫性和潜在的市场需求,如何为老年人提供健康与养老的服务可能是创业项目的一个切入口。

(二)市场容量分析

在筛选创业项目时,第二步就是要分析和研究项目的市场容量有多大,市场空间有多大。在进行项目分析时,不仅要分析本地市场,还要分析国内市场;不仅要分析国内市场,还要分析国外市场。现在世界已经是万物互联,世界就是一个地球村,一定要用国际化的视野去考虑问题。一个项目的市场容量如果不能达到10亿元,就算不上市场空间很大,做这样的项目就要慎重。例如,一个项目的市场容量只有1亿元,如果市场上有10家公司在做同一个项目,平均分配市场份额也只有每家1000万元,就算年利润率达到20%也只有200万利润,项目做不大,而投入的时间一点儿也不少;如果项目市场容量预估有50亿元,有10家公司同时做这个项目,平均分配市场份额就是每家占有5亿元,还是按照年收入20%的利润计算,就有1亿元利润,这样的项目对于公司来说发展空间还是很大的,也容易做大公司的估值,便于后期的项目融资。

（三）项目优势分析

在筛选创业项目时，第三步就是要评估一下做这个项目具备哪些优势。项目优势大，成功率就会高一些；项目优势小，成功率就会低一些。针对项目的优势分析可以围绕以下几个方面来进行。

1. 技术优势

大学生创业者首先评估自己如果做这个项目，在技术方面是否具有优势；判断自己采用的技术较市场上竞争对手的技术水平如何，是高于他们还是和他们一样或是还不如人家。如果技术水平高于市场上的竞品，还有进一步技术升级的可能，并且有知识产权保护，那么在技术层面还是具备一定优势的。

2. 管理优势

创业公司一般成立时间不长，公司管理能力都较弱。大学生创业者需要评估一下如果实施这个项目，在项目管理、研发管理、生产管理、流程管理、财务管理、人员管理、客户管理、品牌管理、制度管理等方面，是否具有管理优势。如果有一定的管理优势，那么还可以考虑做这个项目，如果没有什么优势，那就要慎重考虑是否要启动这个项目。

3. 团队优势

创业项目能否顺利开展和实施，创业团队是关键。大学生创业者需要评估一下创业团队的能力是否足够强，是否具有优势。如果创业团队在专业性、互补性、创新性、协作性、执行力、学习力等方面均具备一定的团队优势，那就具备一定的团队能力；反之，如果各项指标都不太理想，说明团队能力较弱。

4. 渠道优势

服务产品是否能销售出去，销售渠道起到了很关键的作用。大学生创业者需要评估一下在销售渠道方面是否具备一定的优势。如果有一些销售渠道可以帮助大学生创业者销售项目产品，那么在渠道方面就有一定的优势；如果没有什么渠道，也没有什么人脉关系，那么渠道可能会成为市场销售的一个瓶颈。

5. 资金优势

创业公司的弱点就是创业资本不多、经营资金不足。大学生创业者需要评估一下有多少可以使用的创业资金，这些资金用于支撑产品研发、生产制造、包装物流、市场营销、公司宣传、房屋水电、人员工资等方面的支出可以维持多长时间，是6个月，还是12个月或是24个月。如果大学生创业者的资金比较雄厚，后面还能源源不断地融到资金，那么就具有一定的资金优势。

6.信息优势

市场信息也是企业竞争的要素之一，大学生创业者需要评估一下自身的信息优势如何。例如，大学生创业者能掌握多少市场信息，能了解到多少市场资讯，能拿到多少市场情报，能对市场上已经存在的竞争对手有多少了解，包括竞争对手的技术水平、产品研发计划、生产加工能力、产品制造成本、知识产权情况、企业品牌现状、存在的不足和问题、发展的瓶颈等。

（四）政策性分析

在筛选创业项目时，第四步就是要评估一下这个项目是否有政策优势，是否符合国家政策、产业政策和地方政策。如果这个项目符合国家扶持方向、符合产业发展政策、符合地方重点发展规划，那么就有可能借政策之力来发展项目；如果这个项目不符合国家产业发展政策、不属于地方发展的重点工作，那么在借政策的东风方面就会比较差。

（五）营利性分析

在筛选创业项目时，第五步就是要评估一下这个项目的营利性，看看是否能挣钱，在营利性方面是否具备优势。我们可以将项目所有可能的支出科目列出来，包括人工费用、房租费用、研发费用、材料费用、生产费用、办公费用、营销费用、各种税费和其他费用等，计算出拟支出总和，另外再核算一下项目产品的年销售额、年净利润额、年利润率等主要财务指标，就大致可以判断出项目的营利情况了。如果项目产品的年利润率可以达到25%以上，营利性应该还是不错的；如果项目产品的年利润率可以达到50%以上甚至100%以上，那这个项目的营利性就很好了，属于高附加值的项目。

（六）投资性分析

在筛选创业项目时，第六步就是要评估一下这个项目的投资性，看看这个项目的投资回报如何，如果能够达到投资少、回收快、附加值高，那么项目的投资性就比较好。我们可以用几个有代表性的财务指标去评估，如项目的投资额、投资回收期、投资收益率、内部收益率等。一般创业企业的生存期为三年，所以投资回收期在三年内、最好在两年内比较理想，而投资收益率能够达到30%甚至50%以上最好。投资性除了评估财务指标外，还需要从项目风险的角度去评估。一般创业公司面临的风险很多，常见的风险包括政策风险、技术风险、市场风险、资金风险、管理风险、人才风险等，如果能分析清楚存在哪些项目风险，分析提出应对风险的措施和预案，就可以综合评估投资性的优劣势了。

（七）竞争性分析

在筛选创业项目时，在执行了以上6个步骤后，被锁定的项目轮廓就基本出来了，但是市场竞争是残酷的，大学生创业者还要进行第七步来评估一下这个项目的市场竞争性是否具备优势。在分析项目的市场竞争态势时，重点是要了解目前市场做同类产品的竞争对手有多少、竞争对手的竞品情况是怎样的、竞争对手的实力如何。如果市场竞争不激烈、竞争对手不多、竞争实力不强，就给了我们一个抢夺市场的机会；反之，如果竞争对手很多、竞争实力还很强，可能还会冒出一些新的竞争对手，这种情况下就要小心了。

四、对创业项目进行评估

不论是投资人还是大学生创业者，都可能会遇到需要对创业项目进行评估的情况。那么，作为一名大学生创业者，如何才能对创业项目进行合理评估呢？下面将对创业项目的评估准则和指标进行介绍。

（一）创业项目的评估准则

创业项目的评估准则主要包括市场和效益两个方面。

1. 市场方面的评估准则

市场方面的评估准则主要包括市场定位、市场规模和市场占有率3个方面。

（1）市场定位

评估创业项目首先要评估的就是这个项目的市场定位是否准确。一个好的创业项目必然要有特定的市场定位，要能够满足消费者的需求，为消费者带来利益。因此，评估者在评估创业项目的时候，可从市场定位是否明确、消费者需求分析是否清晰、产品线是否可以持续衍生等方面来判断创业项目可能具有的市场价值。

（2）市场规模

市场规模大小与成长空间也是影响创业项目成败的重要因素之一。一般而言，市场规模如果较大，其进入门槛就会相对较低，市场竞争也不会太过激烈。

但一个十分成熟的市场，即使规模很大，但由于成长空间较小，利润空间必然很小，也是不宜进入的。

（3）市场占有率

市场占有率这一指标可以显示出创业项目未来的市场竞争力。一般而言，要成为市场中的领跑者，最少需要拥有20%以上的市场占有率。如果市场占有率低于5%，则这个创业项目的市场竞争力明显不足，自然也会影响企业的价值。

2.效益方面的评估准则

效益方面的评估准则主要包括以下2个方面。

（1）合理的税后净利

一般而言，具有吸引力的创业项目，至少能够创造15%以上的税后净利。如果创业项目预期的税后净利在5%以下，那可能就不是一个好的创业项目。

（2）投资回报率

考虑到创业可能面临的各项风险，合理的投资回报率应该在25%以上。一般而言，投资回报率低于8%的创业项目，就不值得考虑。

（二）创业项目的评估指标

创业项目的评估指标主要包括企业未来的市场评估、产品与技术评估、项目投资规模评估、经营管理评估、财务评估、风险评估等，如表4-3-1所示。建立客观、可操作、有前瞻性的评估指标体系，可以帮助大学生创业者全方位了解创业项目的各方面信息。

表4-3-1 创业项目评估指标体系

评估内容	评估指标
市场评估	市场需求量预测、目标人群收入水平、市场接受时间、市场竞争激烈程度等
产品与技术评估	替代产品、技术的先进性、技术的发展前景等
项目投资规模评估	需要的资金数量、生产规模、生产能力等
经营管理评估	经营规模、创业团队、员工技能等
财务评估	净利润增长率预测、销售收入增长率预测、投资回报率预测、内部收益率预测等
风险评估	财务风险、行业风险、退出壁垒等

另外，大学生创业者可以根据自身或行业特点，确定出每一项评估内容的具体指标。对于一些定性的指标，大学生创业者要通过量表的形式将其进行定量化处理，给每个指标打分，然后再根据给出的权重计算出最后得分。

一般情况下，优秀的创业项目通常具有以下 7 项明显特征。

①有比较优秀的掌舵人和能力互补的骨干团队成员。
②有独特的核心竞争优势和核心价值。
③发展规划及措施要清晰、可行。
④股权结构清晰，主营业务突出，市场前景好。
⑤有创新的技术或商业模式。
⑥具有非常好的成长性。
⑦财务规划、营利能力及现金流量表现良好。

五、不同类型创业项目的筛选

在筛选项目时，可以把政策的风口、市场痛点、市场需求结合考虑，这样就很容易找到创业项目的方向。每一个类型、方向都可能找出很多创业项目，这就要用前面介绍过的项目筛选原则来评估和确定哪个项目是最适合大学生创业者自身的项目。

（一）科技项目

目前，我国大力开展创新型国家建设，对高科技产业有很多扶持政策，因此科技项目是规划创业项目最大的机会。科技项目主要的方向如下。

1. 基于手机的移动互联网技术应用

目前，微信应用已经十分普遍，大学生创业者可以围绕微信小程序、微信公众号和微店来设计思考创业项目；手机 APP 发展很快，也可以考虑这方面的创业项目设计；现在玩手机游戏的用户很多，可以围绕掌上游戏去开发设计游戏项目；这几年网络直播十分火爆，大学生创业者还可以围绕手机直播去设计创业项目；现在支付宝和微信支付等手机移动支付已经很普遍，也可以围绕手机在线支付设计创业项目；手机与位置定位技术的结合应用也很普遍，大学生创业者也可以思考一下手机位置定位还可以应用于哪些领域来设计创业项目；随着近年来人们对自身健康管理的重视，在手机上开发可以及时检测徒步数量、血压、血糖、脉搏等健康指标的健康管理类应用项目也有很大的市场需求，大学生创业者可以设计一些有针对性的创业项目。

2. 基于物联网的技术应用

随着互联网技术的广泛应用和各类传感器的日益成熟，物联网的大规模应用已经展开，且涉及的领域十分广泛，大学生创业者可以围绕物联网的技术应用去设计创业项目。物联网的技术应用有两大领域可以重点考虑，一个领域是安防系统，另一个领域是智能家居。在安防领域里，有很多物联网的应用可以考虑，如别墅监控、仓库监控、校园监控、停车场监控、社区监控、厂房监控、农场监控、景区监控、超市监控、商场监控、医院监控、街道监控、火灾监控等。在智能家居领域里，如智能室内灯光控制、智能窗帘自动控制、智能浴缸水温控制、智能空调控制、智能电视控制、智能冰箱控制、智能电饭煲控制、智能扫地机器人控制、智能床垫控制、智能按摩椅控制、智能音响控制、智能音乐喷泉控制、智能浇花控制等。

3. 基于无人机的技术应用

近年来，无人机技术发展很快。无人机的承重和续航能力都有显著提高，目标识别技术也有很大的提高，在民用和军用领域都得到了广泛的应用，大学生创业者可以据此设计构思创业项目。在民用领域里，无人机可以用于地质勘探、路况侦察、灾区侦察、救援指挥、物流快递、农药喷洒、海上侦察、活动表演等；在军用领域，无人机可以用于高空侦察、敌情侦察、空中预警、反恐应用、编队布阵、信息干扰、自杀爆炸和武装无人机等，应用的范围十分广泛。

4. 基于智能机器人的技术应用

随着人工智能、人脸识别、语音识别、大数据和物联网技术的不断完善和成熟，以及计算机交互技术、自身学习技术和脑神经技术的不断突破，机器人产业发展十分迅速，大学生创业者可以重点关注工业机器人和服务机器人这两大领域的创业项目机会。工业机器人主要包括工业机械手、检测机器人、焊接机器人、搬运机器人、喷漆机器人、仓储机器人、分拣机器人和水下机器人等；服务机器人主要包括防爆机器人、餐厅服务机器人、炒菜机器人、洗菜机器人、保姆机器人、体育机器人、益智机器人、理财机器人、康复机器人、会展机器人、翻译机器人、导游机器人、仿真机器人等。

5. 基于3D打印的技术应用

近年来，3D打印发展得十分迅猛，3D打印技术已经应用在很多领域，大学生创业者可以重点关注在以下领域中的一些创业项目机会，如3D打印零件、3D

打印模具、3D 打印人像、3D 打印饰物、3D 打印蛋糕、3D 打印巧克力、3D 打印喜糖、3D 打印玩具等。目前，3D 打印在打印效率、打印精致度和打印材料等方面还存在一些不足，大学生创业者也可以从解决 3D 打印痛点的角度去设计创业项目。

6. 基于清洁能源的技术应用

目前，清洁能源技术的应用已经十分广泛，太阳能、风能、核能和生物质能的应用越来越普遍，大学生创业者可以重点围绕太阳能、风能、生物质能和新能源汽车的领域去研究和规划创业项目。在太阳能发电方面，可以重点关注太阳能小木屋、太阳能手电、太阳能照明、太阳能充电器、太阳能显示板、太阳能汽车、太阳能飞机和太阳能火车；在风能发电技术方面，可以重点关注屋顶风力发电、山顶风力发电、海岛风力发电、海上风力发电、船舶风力发电、风能汽车、风能飞机和风能火车等；在生物质能发电方面，可以重点关注木材、森林废弃物、农业废弃物、水生植物、油料植物、城市和工业有机废弃物等。

7. 基于位置定位的技术应用

这些年来，位置定位技术已经应用得十分普遍，百度地图和高德地图是我们出行应用最多的位置定位导航技术。大学生创业者可以从这个角度去思考一些新的场景应用，通过位置定位技术与即时语音技术的有机结合来思考和规划创业项目，如汽车导航、自行车导航、渔船导航、景区导航、游乐园导航、餐饮导航、娱乐导航、社区导航、公交导航、户外运动导航、商场购物导航、展会导航、博物馆导航等。

（二）文创项目

这些年来，我国出台了很多支持文化创意产业发展的政策，文创产业是创业机会较大的领域。文创项目主要有以下几个类别。

1. 设计类

目前，我国很多高校都开设了设计专业。不少学习设计专业的大学生都在开设个人工作室，开展创业实践。设计类的创业项目可以重点关注平面设计、服装设计、工业设计、建筑设计、电路设计、结构设计和概念设计，这类项目创业机会较多、创业成本不高、创业风险不大。

2. 数字印刷类

数字印刷类项目这几年也发展得不错，诸如借助网络和 APP 的远程印刷、打印和数字出版项目，对我们来说都不陌生。那么大学生创业者可以设想一下借助远程印刷这个概念，还可以做什么有针对性的数字印刷类项目。

3. 动漫游戏类

动漫游戏在我国有很好的用户基础，有大量的粉丝和玩家，一直是创业项目的高产区。大学生创业者可以围绕动漫创作、卡通创作、涂鸦创作和游戏创作来寻找市场需求，构思创业项目。随着VR和AR技术的日趋成熟和应用，随着网游、页游和手游的日新月异，随着卡通涂鸦越来越被年轻人所推崇，动漫游戏类创业项目会越来越多。

4. 影视剧类

影视剧类也是文创项目的一个方向，像微视频、电视剧和小剧种（如京剧、话剧、豫剧、越剧等）都有很大的市场。如果大学生创业者能结合所学的专业知识和技能，为用户定制一些服务产品，就会产生许多的创业项目。

（三）金融项目

近年来，金融科技发展得也很迅速，涌现出了很多金融服务新业态。在金融项目中，可以重点关注以下方向。

1. 在线支付

现在大家对支付宝和微信支付已经不陌生了，每天不带钱包只要带个智能手机就可以实现购物。大学生创业者可以围绕在线支付研究一下可以做什么创业项目，例如，通过移动支付、手机钱包、超市购物车（扫码支付）、便利购物柜（地铁、图书馆、药房）等服务形式设计出一个创业项目。

2. 消费一卡通

消费一卡通现在很多地方都在用，如超市一卡通、校园一卡通、图书馆一卡通、医院一卡通、公园一卡通、影院一卡通、团购一卡通、社区一卡通等。围绕一卡通这种便捷消费支付活动，能否设想出一个新的消费场景，也使用一卡通来实现消费支付，做一个消费一卡通创业项目。

3. 产品股权众筹

众筹也是金融科技的一种新的服务模式，围绕众筹应该可以设计出不少创业项目，如在图书销售、音乐创作、影视出版、空气净化器、智能机器人、智能家居等方面开展产品或股权的众筹创业项目。

4. 互联网保险

随着互联网和移动互联网的快速发展，互联网保险应该存在很多的市场机会，诸如旅游险、交通险、大病险、人寿险、意外险和教育险等，大学生创业者可以研究一下围绕互联网保险会有哪些创业项目。

（四）咨询项目

现在很多大学生想利用在学校里学到的专业知识做咨询类创业项目。我国咨询服务的市场很大，且涉及的咨询内容也门类繁多。说到咨询项目，大学生创业者可以重点围绕政策咨询、融资咨询、营销咨询、规划咨询、游学咨询、信息咨询、IT咨询等，提供有针对性的咨询服务。

（五）农业项目

1. 线上线下农产品商店

开展建设农业电商服务平台，加强偏远山区与外界社会的联系，销售本地区有特色的农副产品，是最有市场机会的创业项目。大学生创业者可以重点考虑如何搭建线上线下农产品商店，将交通不便的偏远山区的食用菌、干果、新鲜蔬菜和水果、鸡鸭鱼肉、鸡蛋、鸭蛋、上好食材以及苗木等销售出去。在开展实施电商的基础上，再把产品溯源和产品物流考虑进去，就能形成不同的创业项目。

2. 基于物联网的私人农场定制

在农业项目中，农场定制存在较多的市场机会。比如通过茶场定制、林场定制、渔场定制、有机蔬菜农场定制、有机水果农场定制、特色农家院定制和养老院定制等，都可以设计出一些创业项目来。

3. 林下经济

开展林下经济建设是我国农业发展的方向之一，在林下经济概念下有很多的创业机会，如开展林下种植，可以在林下种果，可以在林下种花，可以在林下种菜，可以在林下种菌，可以在林下种药；开展林下养殖，可以在林下养鸡，可以在林下养鹅，可以在林下养鸭，可以在林下养蚯蚓，可以在林下养甲鱼；开展林下旅游，可以在林下建摄影基地，可以在林下建拓展基地，可以在林下建骑马场，可以在林下建儿童乐园，可以在林下建动物园，可以在林下搞花卉展，可以在林下修徒步大道。

（六）商业项目

商业类项目就是6个字"吃、喝、玩、乐、住、行"，这类项目与百姓生活息息相关，围绕这6个字，会发现有很多市场服务需求，每个服务需求都有可能成为创业项目。

1.吃、喝、玩、乐

（1）吃

民以食为天，每个人都离不开吃。目前大学生做与"吃"有关的创业项目较多，如开一家有文化特色、历史特色或宗教特色的餐馆，开一家有机食品、菌汤或骨头汤的主题养生餐厅，开一家花宴、水果宴、猪蹄汤或五谷粥的美容餐饮店，开一家清真类、海鲜类或干锅类的主题餐厅，开一家快餐店为上班族提供快餐服务等。大学生创业者可以围绕"吃"这个思路，结合市场服务需求，设计一些适合大学生做的创业项目。

（2）喝

近年来，大学生做与"喝"有关的创业项目也不少，如在校园内或校园周边开一家主题咖啡厅，开一家有特色的水果吧，开一家休闲奶茶吧，开一家音乐茶室，开一家水吧等。大学生创业者可以围绕"喝"这个思路，结合市场服务需求，设计一些创业项目。

（3）玩

每个人都喜欢玩，玩的种类也十分多，如旅游、摄影、攀岩、登山、徒步、打球、健身、垂钓和棋牌等。大学生创业者可以围绕"玩"这个思路，结合市场服务需求，设计一些创业项目。

（4）乐

目前，我国经营环境不太理想，市场竞争加剧，再加上房价涨、物价涨，生活成本日益增大，每个人的工作压力和生活压力都较大，但还是要不断地去寻找快乐解压，尽可能去享受生活。唱歌、跳舞、看电影、打游戏和看演出等，都是常见的娱乐形式，且每种娱乐都有大量的消费人群。大学生创业者可以围绕"乐"这个思路，结合市场服务需求，设计一些创业项目。

2.住、行

（1）住

百姓生活离不开住，和"住"有关的项目很多，如智能家居、建筑材料、建筑家装、婚房设计、大学寝室设计、节能建筑、节能建材、防火建材、墙体涂料、家装异味检测与处理、建筑垃圾处理等。大学生创业者可以围绕"住"这个思路，结合市场服务需求，设计一些创业项目。

（2）行

出行也是我们生活中的重要组成部分。目前大城市都存在交通拥堵、行车难和停车难的问题，共享单车的出现又带来了车辆停放和有序管理的问题，乘坐飞机和高铁出差已经成为常态，用双脚行走的运动诸如马拉松、徒步和爬山也吸引了越来越多的爱好者。大学生创业者可以围绕"行"这个思路，结合市场服务需求，设计一些创业项目。

第四节 准备工作之项目计划

一、创业计划与创业计划书

创业计划是创业者为达到创业目标，实现创业梦想，精心构思、设计和制作创业策划方案的过程，是一项系统性的工作。

（一）创业计划的概念

创业计划是创业者对创业项目从市场宏观和微观环境、市场服务需求、市场竞争态势、创业项目筛选、服务产品研发、商业营利模式、公司发展战略、市场营销策略、创业团队建设、项目融资筹划、项目财务分析、项目风险分析与控制等内容的全面描述、分析、思考和规划。

创业计划既是创业项目策划，也是创业商业策划；既是公司战略策划，也是营销策略策划；既是融资策划，也是风控规划；既是过程计划，也是流程计划。创业计划涵盖创业环境分析、创业团队组建、创业项目筛选、创业项目战略规划、创业项目实施、创业项目财务分析、创业融资以及创业风险控制等全过程。

（二）创业计划书的含义及存在的问题

创业计划书就是创业策划方案，它不仅是创业者的创业指南和实施路径，也是叩响投资者大门的"敲门砖"。创业计划书既是给创业者自己看的，也是给创业合伙人和投资人看的。给合伙人看，是为了向对方描述清楚该创业项目的未来发展前景和营利性，邀约对方加盟一起创业；给投资人看，是为了获得投资人对项目的认可，争取创业融资。近年来，创新创业大赛如火如荼地开展，并且一浪高过一浪，创新创业大赛评审的主要材料就是创业计划书，所以，学会编写一本高质量的创业计划书对于取得创新创业大赛的好名次十分重要。

目前，我国绝大部分的创业者都没有接受过创业计划的专业培训，创业者不知道该如何进行创业策划，不了解创业策划的过程，不清楚创业策划的重点，不明白创业策划的重要性。从近年来我国高校组织的大学生创新创业大赛中，可以发现很多大学生的创业计划书存在模块不完整、项目内容分析不透彻、市场策划不到位、项目风险分析不全面等问题。因此在参加创新创业大赛时，取得的成绩不是很理想。笔者从参赛的创业计划书中发现主要存在以下10个方面问题。

①不会提炼创业项目的产品服务特色与优势；
②不能清楚地描述市场容量与竞争态势；
③不会用SWOT、PEST等管理工具；
④不会组建和包装优秀的创业团队；
⑤不会制订公司发展战略和市场策略；
⑥不会采用创新的商业营利模式；
⑦不会估算和筹措创业项目启动资金；
⑧不会制订创业项目前三年发展规划；
⑨不会完整地分析创业项目存在的风险；
⑩不会制订有效的风险控制措施和预案。

（三）创业计划书的作用

创业者为什么要写创业计划书呢？因为创业计划书对于创业者能否创业落地，能否顺利实施项目，能否获得创业融资，能否在竞争中生存下去，并最终获得创业的成功具有至关重要的作用。创业者编写创业计划书的过程，实际上相当于一次在沙盘上模拟创业的实践过程。

创业者制订策划方案的过程，其实就是不断地梳理创业项目思路，审视创业项目的成熟性、完整性和创新性，凝练产品与服务的特色和竞争优势，创新商业营利模式，预测创业实施目标，分析创业中可能存在的风险，研究需要制订的风控措施，评估创业项目的可行性的过程。

编写创业计划书的过程实际上也是对创业项目的内检和审视过程。当我们把项目全部了解清楚了，知道了项目的服务市场在哪里，市场需求在哪里，项目风险在哪里，项目的创新点在哪里，产品和服务优势在哪里，项目瓶颈门槛在哪里，项目的营利点在哪里，项目的竞争对手在哪里，项目的投入和产出是多少，就可以尝试落地创业实践了。

编写创业计划书是创业者开展创业项目的重要工作和关键环节。创业策划可以帮助创业者梳理创业思路，发现创业项目存在的问题和不足，并且及时纠正和完善项目设计和规划中的缺陷。一个成功的创业项目，离不开一个好的创业策划。如果我们想自主创业，并获取成功，一定要制订出一个完美的创业策划方案，编写一份高质量的创业计划书。

二、创业计划书的内容

创业计划书的内容往往会直接影响创业者能否找到合作伙伴、获得资金及其他政策的支持。因此，一份完整的创业计划书一般应包括封面、计划摘要、企业概况、产品或服务介绍、行业分析、市场预测与分析、营销策略、经营管理计划、团队介绍、财务规划、风险与风险管理等内容。下面就进行具体介绍。

（一）封面

封面的设计要给人美感。一个好的封面会使阅读者产生最初的好感，形成良好的第一印象。创业计划书的封面应包括项目名称、团队名称、联系方式等内容。如果企业已经设计好了图标，也可以在封面中展示出来。

（二）计划摘要

计划摘要是创业计划书的主体部分，也是投资者首先要看的内容，它是整个创业计划书的精华和灵魂。因此，创业者在撰写计划摘要时要反复推敲，并涵盖整个计划的要点，以便在短时间内给投资者留下深刻印象。

1. 概述项目的亮点

采用最具吸引力的话语来解释为什么该项目是一个商机。通常可以直接、简洁地描述解决某个重大问题的方案或产品。

2. 介绍产品或服务

首先清晰地描述消费者当前面临的或未来将会面临的某个重大问题，然后说明该项目将怎样解决这个问题。最好采用通俗易懂的语言来具体描述企业的产品或服务，尽量不要使用复杂的专业术语。

3. 介绍行业前景

用科学、客观的语言来简要描述市场规模、增长趋势及美好前景。要有调查、有结论、有数据，必要时也可对调查的局限性做出说明。避免使用空洞、宽泛的语句。

4. 分析竞争对手

主要描述该项目的竞争优势和核心竞争力，当面对竞争对手时，创业团队预先设计了什么样的解决方案，每一种解决方案有什么优劣势等。此外，对如何保持该项目的核心竞争力也应该进行简短的描述。

5. 介绍团队

用简洁的语言展示创业者和核心管理团队的背景及成就。注意，不要用标准的套话，如"李萧，有8年的新媒体运营管理经验"，比较理想的描述为"李萧，曾在互联网公司从事8年数据存储方面的研究"。

6. 财务分析

一般使用表格（如现金流量表、资产负债表、利润表）将未来1—3年的核心财务指标展现出来。

7. 融资说明

陈述该项目期望的融资金额、主要用途及使用计划等。例如，融资100万元，出让10%的股权，用于新设备的购买。

（三）企业概况

企业概况是对创业团队拟成立企业的总体情况的说明，明确阐述创业背景和企业发展的立足点，以及企业理念、经营思路和企业的战略目标等。

（四）产品或服务介绍

在进行投资项目评估时，投资者非常关心产品或服务是否具有新颖性、先进性、独特性和竞争优势，以及该产品或服务能否或能多大程度地解决现实生活中的问题。因此，产品或服务介绍是创业计划书中不可或缺的内容。

通常，产品或服务介绍应包括以下内容。

①产品的概念、性能及特性。
②产品的研究和开发过程。
③使用企业的产品或服务的人群。
④产品或服务的市场竞争力。
⑤新产品的生产成本和售价。
⑥产品或服务的市场前景预测。
⑦产品的品牌和专利。

在产品或服务介绍部分，创业者要对产品或服务做详细的说明。说明既要准确，也要通俗易懂，使非专业的投资者也能看懂。一般来说，产品介绍应附上产品原型、图片或其他介绍等内容。

（五）行业分析

一般来说，创业者在撰写创业计划书时，应该把行业分析写在市场分析前面。在行业分析中，创业者应该正确评估所选行业的基本特点、竞争状况和未来的发展趋势等内容。行业分析可以从以下4个方面展开。

第一，简要说明企业所涉及的行业。企业如果涉及多个行业，应该分别进行说明。

第二，说明该行业的现状。这一部分尽可能多用数字、图表等方式来展示所要传达的信息，如行业增长率、销售百分比等。

第三，说明该行业的发展趋势和前景。在预测行业的发展趋势时，创业者不仅要考虑微观的行业环境变化，还要考虑整个行业乃至整个社会的发展状况，并在此基础上对行业前景做简短的说明和预测。

第四，说明进入该行业的障碍及克服的方法。

（六）市场预测与分析

行业分析关注的是企业所涉及的行业领域，而市场预测与分析则是将产业细分，并且瞄准企业所涉及的细分市场。市场预测与分析应包括以下4个方面的内容。

1. 市场细分和目标市场的选择

市场细分和目标市场的选择是在创业计划书中的行业分析的基础上，找到企业具体的目标市场，它可以是一个细分市场，也可以是两个或者多个细分市场。在撰写创业计划书时，要对每个细分市场都进行详细的分析和说明。

2. 购买者行为分析

购买者行为分析是专门针对目标市场的消费者所进行的分析。只有对目标市场的消费者进行深入了解后，企业提供的产品或服务才能满足他们的实际需求。在创业计划书中，这部分内容通常采用调查问卷的形式对购买者行为进行分析。

3. 竞争对手分析

对市场的竞争情况进行分析，也就是确定竞争对手，分析竞争对手所采用的销售策略及其所售的产品或服务的优势等。对竞争对手进行详细分析有助于创业者了解竞争对手所处的位置，使企业能更好地把握市场机会。

4. 销售额和市场份额预测

市场预测与分析的最后部分是销售额和市场份额预测。有的创业计划书中将这一部分内容放在财务规划中进行分析。对销售额和市场份额进行预测时，可采用以下3种方法。

①联系行业协会，查找行业相关的销售数据。

②寻找一个竞争企业，参考竞争企业的销售数据。

③通过网络、报纸、杂志等渠道搜集行业内企业的相关文章，并从中找到可用数据。

（七）营销策略

营销策略是创业计划书中最具挑战性且非常重要的部分，消费者特点、产品特征、企业自身状况及市场环境等方面的因素都会影响企业的营销策略。创业计划书中的营销策略应当包括总体营销策略、定价策略、渠道与销售策略、促销策略等内容。

1. 总体营销策略

简单介绍企业为销售其产品或服务所采用的总体方法。

2. 定价策略

定价策略是营销策略中一个非常关键的组成部分。企业定价的目的是促进销售、获取利润，这就要求企业既要考虑成本，又要考虑消费者对价格的接受能力。定价策略的类型有折扣定价、心理定价、差别定价、地区定价、组合定价及新产品定价6种。

3. 渠道与销售策略

渠道与销售策略主要说明企业的产品或服务如何从生产者处到达消费者手中，具体分为两种策略，即通过中间商和发展自己的销售网络。

4. 促销策略

促销策略即企业打算采用什么方法来促销产品或服务。一般来说，促销方式有 4 种，即广告、人员推销、公共关系以及营业推广。在实际经营中，以上 4 种促销方式都是结合使用的，因此，促销策略又称为促销组合策略。

（八）经营管理计划

经营管理计划旨在使投资者了解产品或服务的生产经营状况。因此，创业者应尽量使经营管理计划的细节更加详细、可靠。经营管理计划一般包括生产工艺和服务流程、设备的购置、人员的配备、新产品投产的计划、产品或服务质量控制与管理等内容。

一般来讲，经营管理计划应阐述清楚以下 6 个问题。

①企业生产制作所需的厂房设备和设备的引进与安装问题。
②新产品的设计和研制、新工艺攻克和投产前的技术准备。
③物料需求计划及其保证措施。
④质量控制方法。
⑤产品单位成本计划、全部产品成本计划和产品成本降低计划等。
⑥生产计划所需的各类人员的数量、劳动生产率提高水平、工资总额和平均工资水平、奖励制度和奖金等。

（九）团队介绍

在创业计划书中，创业者还应该对团队成员进行简要介绍，对其中的管理人员要详细介绍，如介绍管理人员所具有的能力、主要职责及过去的详细经历与背景。此外，创业者还应对企业目前的组织结构进行简要介绍，具体包括企业的组织结构、各部门的功能和责任、各部门的负责人及主要成员等。图 4-4-1 就是一个模拟的企业组织结构图，该企业主要由总经理、采购部、销售部、客服部、财务部组成。

图 4-4-1　企业组织结构图

（十）财务规划

财务规划可以使投资者据此来判断企业未来经营的财务状况，进而判断其投资能否获得理想的回报。财务规划的重点是编制资产负债表、利润表及现金流量表。

1. 资产负债表

资产负债表反映企业在一定时间段的财务状况。投资者可查看资产负债表来得到所需数据值，以此来衡量可能的投资回报率。

2. 利润表

利润表反映的是企业的盈利状况，即反映企业在一段时期内的经营成果。

3. 现金流量表

现金流量表是反映企业在一定期间内，现金和现金等价物流入和流出的报表。现金流量表能够反映企业在一定期间内经营活动、投资活动和筹资活动产生的现金流入与现金流出情况，能够为企业提供在特定期间内现金收入和支出的信息，以及为企业提供该期间内有关投资活动和理财活动的信息。

（十一）风险与风险管理

在创业计划书中，创业者要如实向投资者分析企业可能面临的各种风险，同时还应阐明企业为降低或防范风险所采取的各种措施。投资风险被描述得越详细，交代得越清楚，就越容易引起投资者的兴趣。

企业面临的风险主要有战略风险、市场风险、管理风险、竞争风险、核心竞争力缺乏风险及法律风险等。这些风险中哪些是可以控制的，哪些是不可控制的，哪些是需要极力避免的，哪些是致命的或不可管理的，这些问题都应该在创业计划书中做出详细说明。

预估企业风险后，企业可以从以下 3 个角度来阐述风险管理的方式。

①企业还有什么样的附加机会？

②在最好和最坏的情形下，未来三年计划表现如何？

③在现有资本基础上如何进行扩展？

三、创业计划书的突出特征

现在很多创新创业大赛在比赛时，都要求参赛选手提交创业计划书、创业项目PPT、创业项目介绍小视频（1～2分钟），以及创业项目的相关资料。其中，创业计划书是创新创业大赛重要的项目评审资料，创业计划书编写的质量好坏直接影响到项目评审分数。笔者根据多年参加创新创业大赛评审的经验，建议参赛者在创业计划书中要重点突出规范性、创新性、营利性、示范性、带动性、真实性、落地性、融资性和政策性这 9 个方面。

（一）规范性

创业计划书是由很多模块内容组成的，每个模块都是创业计划书的重要组成部分。一些参赛者习惯在网上下载创业计划书模板，实际上有些模板的模块内容并不全面，如果使用这样的模板，就会丢掉很多创业计划书中的必要的项目内容，在项目评审时就会丢分。笔者结合多年的创业大赛评审、创业项目指导和创业项目融资服务经验，总结了一个比较完整的创业计划书内容条目，主要包括以下主要内容。

①封面；

②计划摘要；

③企业概况；

④产品或服务介绍；

⑤行业分析；

⑥市场预测与分析；

⑦营销策略；

⑧经营管理计划；

⑨团队介绍；

⑩财务规划；

⑪风险与风险管理。

在参加创新创业大赛时，最重要的就是按照创业计划书的规范内容模块去陈述项目内容，千万不要丢三落四，从而导致项目内容描述不完整、编写不规范、重点内容不醒目、项目亮点不突出。在编写创业计划书时，一定要保证编写创业计划书的模块完整性和规范性，并按照每个模块对应的内容详细描述。

（二）创新性

现在的创业大赛是面向创新+创业的大赛，这就要求大学生在参赛时，一定要注意创业项目的创新性。由于创新这个词很抽象，很多参赛选手都没有做过科研工作，并不了解该从哪些地方入手来描述项目的创新性，提炼出创新点。为了更好地介绍项目的创新性，建议参赛者可以先从以下5个维度去思考项目的创新性。

1. 技术创新

科技型技术类的参赛项目，往往都会用到专业技术。如果项目在关键技术、关键工艺、关键配方、关键参数等方面有所突破和创新，那么该项目就存在技术创新，此时，就要把项目中的创新点提炼出来，把创新性描述清楚。

2. 产品创新

对于研发制造类的参赛项目来说，一般都会有一个研制产品。这个研制出来的产品在质量、精度和寿命等方面实现了较大突破，能为市场提供更高品质的产品，那么这个项目在创新性方面就存在产品创新。

3. 设计创新

我们的项目有设计活动且设计过程中使用了一些先进的技术和设计理念，实现了产品在功能、性能、外观、结构、颜色、风格、时尚和文化等方面的设计突破，那么这个项目在创新性方面就存在设计创新。

4. 应用创新

参赛项目研制出来的产品和服务都是为市场提供服务的。如果项目开发出来的是一种新的产品、新的服务模式，并成功地应用到市场服务中，为用户解决了痛点和需求问题，那么这个项目也在一定程度上存在应用创新。

5. 组合创新

参赛项目如果同时存在技术创新、产品创新、设计创新和应用创新，那么这个项目就属于将这几种创新的组合应用。

（三）营利性

项目的营利性是专家评委和投资人重点关注的内容，大学生创业者在编写创业计划书时，一定要认真思考和分析，尽可能去突出项目的营利性。项目的营利性可以通过财务分析加以陈述，重点是把反映营利性的重要财务指标描述清楚。比如，项目是否已经销售，销售额是多少，利润额是多少，是否每个月或每季度可以产生稳定的正向的现金流，项目的年销售额和净利润额的增长率是多少，项目的投资回报率是多少，投资回收周期是多少。

（四）示范性

创业项目是否具有示范性是大赛评委比较关注的地方。创业项目在实施后，是否具有示范推广效果，是否可以在高校、在行业内、在某个地区推广，这一点十分重要。所以，大学生创业者在审视自己的创业计划书时，一定要看看自己的项目是否具有示范性，仔细考虑如何描述以突出项目的示范性。例如，如果大学生创业者做的是一个利用无人机在高速公路上巡查路况拥堵的项目，其示范性是既可以用来进行城市道路交通的检查，也可以用来进行景区游客密度分布状况的检查，对于海上渔船捕捞作业的监控勘察也具有一定的示范性。

（五）带动性

创业项目的带动性也是评委比较关注的地方。创业项目在实施后，是否能对周边的人起到带动效果，是否能够带动其他人一起创业就业，这一点十分重要。因此，大学生创业者需要好好审视自己的项目，突出项目的带动性。如大学生创业者做的是一个教学扶贫的公益项目，通过给偏远贫困山区的孩子进行计算机和互联网知识的培训，帮助他们学会利用互联网和物联网技术来搭建电子商务平台，之后通过开展电子商务将家乡的土特产销售到外面去。这种项目就会带动周边很多的同学和朋友一起来做公益项目，为更多的偏远贫困地区的孩子提供与电子商务有关的知识培训，带动更多的贫困地区的孩子创业就业。

（六）真实性

创业项目数据是否真实可靠也是专家评委关注的重点。近年来，很多参赛项目所使用的市场统计数据、调研数据和调查数据没有出处，数据来源不详，项目中涉及的财务数据也没有推算过程，从而导致项目资料中的数据真实性无法保证。如果大学生创业者在做市场分析时，不能援引政府权威部门的统计数据或著名咨询机构的研究报告数据，并且项目给出的财务数据也没有合理推算和解释，那么，专家在评审时就会针对数据的真实性扣分。这一点一定要引起大学生创业者的高度重视。

（七）落地性

创业项目的落地性是大赛组委会关注的重点。组委会领导都希望获奖的好项目可以落地注册公司，通过创业孵化后可以做大做强，起到带动其他人创新创业的典范作用。所以，大赛评委对项目的落地性也会十分关注。如果大学生创业者的项目发展前景不错、发展潜力巨大，一定要尽可能围绕今后项目的落地发展去规划描述，争取让评委能给一个高分。

（八）融资性

项目的融资性也是目前大赛组委会和投资人十分关注的要点，参赛项目一定要具有一定的融资性。但是，很多参赛选手并不了解什么样的创业项目具有融资性，不了解投资人的偏好。一般来说，投资人都喜欢投资少、见效快、附加值高的项目。在投资界里有个不成文的定律就是人比项目重要，再好的项目也需要人来运作和实施。

（九）政策性

创业项目是否符合国家产业扶植政策也是十分重要的，且政策性是大赛评委重点关注的内容。如果创业项目不符合国家产业政策或地方政策扶持方向，即使项目很好且有很强的营利性，也很难让评委打出高分。例如，创业项目是一个有废气排放的冶金项目，而目前我们国家在加强环保建设，实施蓝天治理计划，各省市地区都在进行大气污染治理工作，那么该项目与国家产业和地方扶持政策方向明显相违背，这种参赛项目即使经济收益很高，也很难取得高分。

四、创业项目路演相关概念

（一）定义

创业项目路演就是创业者在讲台上向台下众多的投资方和评委讲解自己的创业项目属性、发展规划、融资计划。创业项目路演分为线上创业项目路演和线下创业项目路演。线上创业项目路演主要是通过 QQ 群、微信群或者在线视频等互联网方式对创业项目进行讲解或展示；线下创业项目路演主要通过活动专场与投资人或评委进行面对面交流。

（二）目的

创业项目路演的目的是同时让多个投资人或者评委很认真地倾听创业者或参赛者的讲解和说明，同时还可以有一个思考和交流的过程。

五、大学生创业竞赛项目路演陈述和答辩的评价准则

①思路清晰，逻辑严密；
②结构合理，陈述有序；
③分析基本准确，结论可信；
④语言准确、优雅、严谨，发音标准；
⑤回答准确、敏捷、简练、礼貌；
⑥团队合作意识强，配合程度好；
⑦在既定的时间内将最重要的信息全部传递给听众；
⑧展品真实，演示正确，工作正常，效果明显；
⑨数据可靠，论据有效。

六、创业项目路演技巧

①做好项目路演准备，做好答辩 PPT，熟悉创业项目相关资料，并且提前准备些问题。

②项目路演过程中要做好团队分工，如播放 PPT、讲演、回答问题等要分工明确。

③正式项目路演时，创业者要逻辑清晰，时刻保持与投资人或评委的互动，并在路演中充分体现正能量；要有清晰的逻辑；关注投资人或评委表情的变化；用生动和自信的语言吸引投资人或评委的注意力，同时要在路演过程中展示自身及团队的个人魅力和团队魅力。

④客观回答投资者或评委的各种提问。知之为知之，不知为不知，要据实回答，并做到简明扼要；避免在路演现场与投资人或评委产生激烈冲突；要等待问题提完再回答，听不清楚的可以请求提问者再复述一遍。

大学生创业计划竞赛答辩评审标准如表 4-4-1 所示。

表 4-4-1　大学生创业计划竞赛答辩评审标准

正式陈述（50%）	产品/服务、公司和市场分析	5.00%
	公司战略和营销策略	10.00%
	团队能力和经营管理	10.00%
	企业经济/财务状况	5.00%
	融资方案和回报	10.00%
	关键风险和问题分析	5.00%
	陈述时间控制	5.00%
回答问题（40%）	正确理解评委的问题	5.00%
	及时流畅回答问题	10.00%
	回答准确可信	10.00%
	对评委感兴趣的问题能够充分阐述	10.00%
	在规定时间内有效回答	5.00%
团队整体表现（10%）	整体答辩逻辑严谨、思路清晰	5.00%
	团队成员写作完成	5.00%
总分		100.00%

第五章　大学生企业运营与管理创新

本章主要从四个方面对大学生企业运营与管理创新进行了深入论述，其中包含了企业运营与制度体系、员工培训与管理、市场营销及产品设计创新以及创业融资。

第一节　企业运营与制度体系

一、企业运营模式

（一）销售型运营模式

这种类型的企业具有以下特性：它们只对销售环节负责，生产交由其他企业负责。企业通过对客户需求的挖掘和探索，找到能够满足客户需求的产品或者服务。这种类型的企业在商业中被称为渠道商，包括经销商、零售商和代理商三种。贸易公司是这种类型企业的典型代表。

（二）生产型运营模式

这种类型的企业具有以下特性：它们只是下游企业的供应商，客户的订单有多少它们生产多少。另外，在市场运作中，它们还能够进行贴牌销售，企业在整个生产过程中可以有多种产品，但是不会广泛涉及销售和设计方面的服务。富士康就是这种类型企业的典型代表。

（三）设计型运营模式

这种类型的企业具有以下特性：企业承担的是产业链中的设计部分，销售和生产的环节与这种类型的企业无关。通常情况下，市场上消费者的相关需求传递到这类企业中，它们会根据消费者的需求开展设计工作，并将设计的专利或者许可权等作为一项产品或者服务销售给负责生产的企业。

（四）设计＋销售型运营模式

这种类型的企业具有以下特性：它们只负责设计和销售这两个环节，不参与生产环节。这种类型的企业挖掘到市场需求后，会进行相关产品的设计并找到工厂进行生产。这种类型的企业以知名品牌为支撑，具备良好的设计能力和销售能力。这是一种和市场联系密切的企业类型，具有极强的市场敏锐性和客户高满意度的反馈，是一种对市场需求响应最快捷的企业类型。

（五）生产＋销售型运营模式

这种类型的企业具有以下特性：它们只负责生产和销售两个环节，不涉及设计环节。这也是大部分生产型企业的普遍模式。受特定因素的影响，这种企业不参与产品设计环节。这是一种模仿能力很强的企业，它们对行业中的龙头企业具有很高的敏锐性，龙头企业有新品推出时，这些企业就会开始模仿并根据自身企业情况进行优化和改革。

（六）设计＋生产型运营模式

这种类型的企业具有以下特性：它们只负责设计和生产两个环节，不负责销售环节，产品的销售通过经销商代理、招商联盟等形式来进行。出版社就是这种类型企业的典型代表。

（七）设计＋生产＋销售型运营模式

这种类型的企业是参与产业链环节最多的企业，通常具有新产品开发能力。其在设计上具有自己的独特性，能够设计出符合市场需求的产品；在制造上，能够针对企业的制造设备和生产情况进行优化和管理；在销售上，具有自身的销售系统和营销体系，客户群体都较为稳定。

（八）信息服务型运营模式

这种类型的企业不参与制造相关的任一环节，却和制造业有密切关系。这类企业针对员工的培训和交易过程中的诸多环节提供决策咨询服务和信息服务。营销咨询公司是这种类型企业的典型代表。

二、企业制度体系

（一）标准流程制度体系的构建

1. 标准流程制度体系三元素

创业公司构建标准流程制度体系的三元素：人、事、资金。这三元素构成了一个三角形的循环体系。一开始有人，大家想做一件事，如果人和事都比较可靠，那么初期就会有一定的资金（可能自筹，可能融资）。当慢慢看到成绩的时候资金会更多一点，可以招更多、更高水平的人，然后，这些更高水平的人会把事情做得越来越好，接着要么自己赚钱，要么有更大的投资商感兴趣。总之，这是一个事情越来越好、资金越来越多、人员规模越来越大的循环过程。

这个循环是一个正反馈，意指每一个环节都会得到其他环节的同向反馈和结果。但是这个循环体系不只是正向的，也有可能是负向的。一件事做得不好，消耗了很多的资金，然后由于资金逐步短缺，可能养不起出色的人，进而导致员工流失，接着事情越做越差，最后公司就会倒闭。

创业公司的CEO实际上每天的工作就是始终保证人、事、资金这个三角循环是正向的。而要保证这三个要素良好运转，需要一套标准的流程制度体系来支撑。

2. 标准流程制度体系的构建方法

企业要实现从"靠经验"的人治转变成"靠文化"的无为而治，关键是设计以制度和流程为核心的规范化管理体系。石油、天然气、电力等行业企业在制度建设方面有着成熟的经验，这些企业的特点是制度的标准化程度高、适用性强、规范性好。企业标准由紧密联系行业标准的技术标准和根据企业自身管理需要制订的管理标准、工作标准三部分组成。

（1）技术标准

技术标准包括行业通用基础标准、产品标准、工艺标准、安全标准、环保标准、设备维修保养标准、检测排查标准等多项。开放式的技术标准由行业公认，封闭式的技术标准体现为专利技术。

（2）管理标准

管理标准包括生产经营、设计开发与创新、质量保障、设备与基础设施、人力资源、安全、职业健康、环境、信息等管理工作所遵循的标准，是落实技术标准的保障。

（3）工作标准

工作标准与企业的组织机构、岗位分工紧密关联，通常需要系统归纳部门权责、岗位设置、岗位权限、评价与考核方法等要素，是管理标准执行的有力支撑。

（二）云计算模式下的企业信息化制度体系建设

大型企业已经充分意识到云技术对企业的益处，诸如沃尔玛、麦当劳这种巨头，在信息技术上常常投入大量的资金，因此它们拥有先进的技术解决方案，能用远超同行的技术对消费者数据进行分析处理，从而做出更好的企业决策。

而基于云技术的服务平台的诞生，让所有企业甚至个人都能通过云计算享受信息化服务，从而管理公司的人力资源以及其他方面，在仅投入少量资金的情况下就能得到几十倍的收益。

第二节　员工培训与管理

"互联网+"与大数据的不断深入发展和普及，给人们的生活、工作和学习带来了质的改变，人们的日常生活已经和互联网技术紧密地联系在一起。处于"互联网+"环境中，各种传统行业不但受到互联网跨界的深刻影响，同时也面临它带来的如何成功升级的挑战。在"互联网+"环境下，大学生也将面临全新的挑战和机遇，传统的管理方法逐渐被淘汰，这需要管理者能够站在管理需求的高度进行恰当的取舍，而所有的举措都应该围绕在"互联网+"环境下对员工管理的中心目标来进行。

一、企业员工培训

（一）企业员工培训的重要性

网络信息技术无时无刻不在影响着人们的生活、学习和工作。建立在现代移动技术基础上的工作软件也是包罗万象的，如ERP系统、OA系统等。而涉及生活的软件包括了大众点评、淘宝、京东等；有关人际交往方面的软件包括了QQ、微信等；涉及学习方面的软件有网上大学、MOOC和中华会计网等。

现代人们的生活受到此类社交方式的重要影响，人们的交互方式呈现出陌生人关系、跨界、快捷传播和扁平化等趋势，让社交出现了不同的圈子文化。与此同时，现代网络信息技术的发展也引起了现代企业运营模式和商业模式的全新变化，很多企业开始将业务转向线上平台。

人力资源管理未来发展的重要方向之一是社交化发展。人际互动出现一对一或者多对多等转变的趋势，这就使得人力资源政策、企业文化以及员工管理的快捷性、稳定性和交互性特征更为重要。随着人力资源业务合作伙伴、人力资源共享中心等的出现，现代人力资源管理更加需要扁平化和社交化。而共享、共建以及交互功能也将成为社交化人力资源管理的重要内容。

随着现代网络信息技术的发展，人力资源云管理已经成为可能。现在人力资源管理的模式也开始向"社交网络＋移动科技＋大数据技术"的综合方向发展。华为的智能穿戴、小米的供应链管理、金蝶的移动办公和苹果的智能手表等都是对有效的创新式管理模式的尝试。随着管理模式的变化，企业的其他模块也必然出现较大的改变。

（二）员工培训策略

面对上述变化，人们首先要明确培训的真正定义是什么。关于培训的定义有很多，但最基本的定义是企业针对员工开展的知识传递活动。明确了这一点之后，创业者可以从以下三方面来应对。

1. 把握新员工的特性与需求

（1）文化归属感

任何一个员工在进入新企业之后，都需要快速地适应新的工作环境，形成自己的企业地位。为此，企业有必要提供必要的互动交流机会，以帮助员工尽快地适应新工作和新环境。

（2）任职要求

员工适应工作环境后，就应该在自己的岗位发挥所长，这离不开企业的专业指导。因此，企业有必要主动及时地予以帮助和指导。

（3）个人发展

员工不能仅仅满足于胜任岗位工作，在此基础上，企业有必要给予员工一定的机会，使其能够脱颖而出，将过往的经验进行积累和消化。

2. 找准企业培训的需求

（1）培训针对性

员工的培训内容可以是多种多样的，不过企业的工作标准和业务流程却是一定的。以往企业在调查员工的培训需求时，都只是将调研表发给员工，由员工直接填写，但员工通常都是敷衍了事，以此制订的培训内容针对性并不强，实用性也大打折扣。从新员工的角度来看，培训需求调研只是入职前的一项例行工作而已，无法引起新员工的足够重视，所以，利用在线学习平台深入地发现和挖掘培训需求，以此来合理管理培训流程和培训内容是很有必要的。

（2）知识可重复性

很多大型企业一般会在每年7月招聘大量的新员工，如果采用固定不变的培训模式对其进行培训，那么内容和模式的重复化将浪费管理者大量的精力和时间，因此培训完全可以采取新员工自学等方式。

（3）培训成本

师资、教材和课程开发等都是企业培训成本的重要内容，而且企业内训师的成本也一直居高不下。他们不但有自己的本职工作要完成，还需要进行额外的培训工作，因此工作压力不断加剧。内训师完全可以利用学习平台的方式进行培训内容的聚合，不需要每次亲力亲为对新员工进行培训，从而可以减少一定的工作量。大型企业可以由总部制作电子课件，通过平台分享给下属单位和分公司等。

（4）企业文化融入

好的企业文化能加强员工之间的凝聚力，使员工产生强烈的归属感和团队荣誉感。任何企业都需要新员工的加入，因此，应想办法为新员工创造好的企业文化氛围，为其快速顺利地融入企业创造条件。

（5）解决员工困惑

在实际工作过程中，新员工必然会面临各种挑战和难题，他们要得到实时的帮助和反馈却难度很大。这就需要企业建立一个良性的互动讨论交流圈子，为新员工提供帮助和指导。

上述都是从企业需求的培训体系角度来考量的。事实上，在企业培训中，移动学习平台的引入既能较好地解决新员工的培训问题，又能有效提高培训工作的效率。

3. 在线学习平台的搭建与运营

在"互联网+"时代下，引入移动学习平台是必然趋势。搭建移动学习平台和整合线上、线下资源的方法，如表5-2-1所示。

表 5-2-1　员工培训平台功能设计

渠道	设计内容	塑造文化	关注个性	效果管控	体系管理
线上	通用、可复制、知识点分散的内容	发布资讯、分享感悟心得、进行问答互动	微课	在线测评、考试评比、月度总结	成长档案、培养计划、课程库
线下	专业、专项、提高类、知识点集中的内容	成长分享、旅游聚餐、心理访谈、演讲比赛	典型标杆	行为改进、现场指导、心理成长	岗前测试、绩效反馈、学习路径

（1）设计内容

培训内容若具有可复制性及基础性强、属于通用类和知识点分散等特点，利用在线学习平台进行培训是非常好的。不过针对一些专业性强，专项内容、知识点较集中以及属于提高类知识的培训内容，线下培训的效果应该会更佳。

（2）塑造文化

资讯发布、感悟心得的分享、问答互动等都可以利用线上平台进行，而线下方式则重点针对心理访谈、演讲比赛、旅游聚餐、故事分享等内容。线上线下方式的结合让员工之间的关系更加亲密、互动更加融洽。

（3）关注个性

新时代下，新员工的特征更加明显、个性更加鲜明，他们更加愿意将自己的知识和技能通过线上微课评选活动以及线下标杆榜样设置等方式进行分享。

（4）效果管控

考试评比、月度总结以及在线测评等工作都可以通过线上平台完成，从而节省大量的精力和时间。另外，通过线下跟踪改进以确保学习效果的达成；还可以进行现场一帮一的活动来促进新员工快速融入和快速成长。

（5）体系管理

员工的自我学习和自我反思都可以通过在线学习平台上的培养计划、成长档案和课程库等来完成；同时，还可以结合线下的绩效反馈、学习路径和岗前测试，为员工的发展指引方向。

此外，在搭建移动学习平台过程中，需要考虑以下方面。

①降低成本：大批量、标准化、非手工。
②成果显性：文化塑造、典型标杆、数据化自动管理。
③沉淀扩充：案例收集、丰富扩大、参考改进。

完备的内容、形式和后台管理是在线平台良好运营的三个重要因素。另外，移动学习平台可以设置多种功能，如题库建设、电子课件库、导师辅导、在线评选等。同时，良好的硬件配置、终端接口和网络环境也是必不可少的。

二、企业员工管理工作

目前，很多新员工都是受互联网影响的一代人，他们个性鲜明、追求自由、讨厌被约束，具有较大的可塑性；对有挑战性和趣味性的工作表现出很大的兴趣，敢于创新，有思想、有技能；不过也难免会感觉孤独，想要得到重视。考虑到新员工的这些个性特征，管理者需要更多地从人心和人性的角度去对待新员工，根据企业的实际情况对员工进行分类管理，不被过多的死硬规定所束缚。

（一）了解掌握人心与人性

人心是指人们之间的情感表现，是人们情感的主体部分。在互联网条件下，管理者对人心的了解是非常重要的。只有这样，管理者才能更好地把握被管理对象的动机和需求，从而采取适当的方式进行管理，达到事半功倍的效果。

人性是目的与智慧的统一体。在现实生活中，人性可以归为善与恶两个面。管理者要分清人性的善恶，有针对性地对善进行引导，对恶进行抑制。时代不同，人们的认知也有所不同。新时期的员工更加需要管理者的认可，他们追求自由和个性，具有较大的可塑性，表现出来的需求和渴望也各有不同，而管理者掌握员工的人性特点，才能对他们的真实需求有所了解，从而给予积极的引导和帮助，让管理效率不断提升。人性是瞬息万变的，管理者对其进行全面了解和把握，才能真正做好管理。

（二）做好员工的分类管理

由于人们具有不同的能力、阅历和表现，因此管理者需要了解和把握不同员工的表现，针对不同的员工做好分类管理工作。

管理者可把员工分为想干事的(属于A类员工)、不想干事的(属于C类员工)、想干和不想干之间的（属于B类员工）三种类型。管理者通过日常的管理行为和观察，可以识别哪些员工属于 A 类员工，哪些属于 B 类员工，哪些属于 C 类员工，并做好管理记录，然后通过引导和判断，准确、快速识别不同类型的员工，最后通过构建有效的分配激励机制驱动。

（三）管理好三类员工，做高效管理者

1. A 类员工

从平常的工作中可以发现，A 类员工的适应性非常强，能较快地进入工作角色中，胜任自己的岗位工作，将自己的专长运用到工作中，工作态度也非常端正积极。针对这类员工，管理者可以采用激励机制，制订培训计划，将 2 个人的工作安排给 1 个人完成，给予这个员工 1.5 倍的薪资待遇。同时，为其制订适当的职业生涯规划，从精神层面和物质层面达到激励的作用，为员工的成长和个人价值的体现创造条件，针对员工进行个性化的职业规划，让其将自己的发展和企业的发展联系在一起。这类员工也可以作为管理层接班人进行培养。

2. B 类员工

企业中也会有这类员工，我们将之认定为 B 类员工：他们在工作中不求有功，但求无过，他们对公司的发展态度冷淡，处理任何事情都保持中立。针对这类员工，管理者应先让他们了解 A 类员工的薪酬待遇，让他们明白公司的处世原则和管理机制，从而帮助他们向 A 类员工发展。此外，适当地关心和引导也是必不可少的，让这类员工充分体会到尊重和鼓励，促使他们将自身的发展和企业的发展联系到一起。

3. C 类员工

不管哪个企业，都会有做事拖拉、能力平常的员工，我们称其为 C 类员工。他们的工作态度非常消极，还会影响其他员工的积极性。针对这类员工，管理者应该将之调离或者给予辞退。另外，从日常的组织管理行为中也可以得知，大部分的人都希望被肯定和被尊重，在面对这类员工时，管理者也应该先从自身找原因，对员工失去工作兴趣和积极性的原因进行合理公正的分析，了解他们是原本就能力平庸还是因为不被重视而故意采取消极怠工的态度来引起关注等。针对不同的原因进行不同的处理，采取有效的沟通方式与员工互动，剔除不良因素，确保团队的凝聚力和团结力。

综合而言，以上员工分类可以作为企业在"互联网+"环境下进行员工管理

的依据。管理者把握好管理尺度和引导方法是管理的重要内容。对人心进行把握，对人性进行了解，对员工进行分类管理，让员工都能各尽所长，是管理者需要做好的本职工作。

第三节 市场营销及产品设计创新

一、市场营销

市场营销，作为一门学科来说，它涵盖了经济学、管理学、心理学等多门学科的内容。在网络信息技术高度发达的今天，新思想、新理念、新技术层出不穷，在这种时代大环境下，有不少人存在着"自媒体时代无须营销"的观念。但是"酒香也怕巷子深"的观念并没有在21世纪的今天受到来自外界太大的冲击。反之，越来越多的企业、社会团体乃至政府部门将市场营销与网络信息技术结合起来，有创造性地进行市场营销，不断地开拓出市场营销的新局面、新方式。

（一）市场营销的核心概念

市场营销作为一门学科，涵盖了其他各类学科的综合内容，因此，国内外学者由于出发的角度不同、研究的领域不同，关于市场营销的具体定义不下百种。同时，由于各企业在实际的生产经营过程中具有各自不同的特点，所以企业对于市场营销的定义也不尽相同。这就反映出了市场营销概念的多样性和复杂性。

了解市场营销的核心概念之前，应该分别了解市场和营销的具体概念。在传统的定义上，人们习惯于将从事买卖的场所称为"市场"。《易·系辞下》中曾记载过"日中为市，致天下之民，聚天下之货，交易而退，各得其所"，这种关于"市场"的定义是初级的。现代学者通常认为市场是生产者（即卖方）为了满足消费者（即买方）的需求，通过实现产品或者服务的价值而进行的交换行为的统称。营销则是指生产者（卖方）为了满足消费者（买方）的需求，促使消费者（买方）做出购买行为而进行的一系列有针对性的活动。

在定义市场营销时，不应该将市场及营销的概念进行简单的叠加。那么，关于市场营销的核心概念到底该怎么去进行定义呢？美国营销学专家菲利普·科特勒认为："市场营销是个人和集体通过创造、提供出售，并同别人自由交换产品和价值来获得其所需所欲之物的社会过程。"因此，市场营销的目标即满足消费者的需求和欲望，其核心是交换。

由于新创企业成立时间较短（一般不超过42个月），尚处在创立期或成长期，这类企业在进行营销策略的同时，更应该考虑从自身"新创"的实际情况出发，树立独特的形象，吸引特定的受众人群。这种情况，我们通常称之为"市场战略定位"。之后，再在新创企业的市场战略定位的基础上进行营销策略方案的制订。

（二）21世纪的市场营销

关于市场营销的理论定义，在不同时期有不同的表达方式。美国市场营销协会（American Marketing Association，AMA）分别在1960年、1985年、2004年对市场营销的定义进行过不同的修改。21世纪的今天，互联网信息技术高度发达，市场营销的定义除了前文所表述的传统的核心定义以外，笔者认为，还应该在其概念中引入时代特点。

21世纪的市场营销主要具有以下几个特点。

1. 销售渠道的变化

传统意义上的市场营销大多是基于实体市场的购买行为而展开的。随着互联网信息技术的高速发展，以及电子商务的崛起，传统的营销渠道变得多样化，从之前单一的、实体的、线下的营销渠道拓展为线下和线上的营销渠道并存的局面。2015年11月11日，天猫购物狂欢节总销售额突破900亿元人民币大关，更进一步说明销售渠道已经发生了明显的变化。

2. 销售观念的转变

在市场营销刚刚兴起的年代，企业往往只注重产品的生产，但在1929年至1933年，由于西方资本主义国家发生了严重的经济危机，产能相对过剩，企业开始转移目标，将重心由产品的生产转移到产品的宣传，并成立了各种销售团队进行产品的售卖。21世纪，由于产品种类增多，人们不再被动地进行商品选择，故而企业将重心由宣传推广转移到了更加注重倾听消费者的意见和声音，揣测消费者的心理、讨好消费者，即顾客至上。

3. 销售内容的多样化

早期，由于销售观念的不同，企业往往会生产实体商品进行销售，简单地说，就是"卖产品"。21世纪，由于销售观念的变化，加之互联网的高速发展，企业的销售内容、消费者的需求有了明显的变化。例如，海底捞作为一家火锅店，其在四川本土的商业竞争中并没有异军突起，反而在麻辣火锅市场明显具有劣势的北方声势大振，让其声势大振的原因也并不是海底捞的味道有多独特，而是其独特的"服务"。每每见诸报端，关于海底捞的新闻几乎全部都被"只有想不到，没有做不到"的个性化服务所占据。因此，海底捞不仅是"卖产品"，更是"卖服务"。传统的"卖产品"式的销售内容已经不再能满足消费者的需求了，以"卖服务"为例的多样化的销售内容占据了21世纪企业销售内容的主流。

（三）市场营销方法

1. 搜索引擎营销及其特点

搜索引擎营销是指在用户使用搜索引擎搜索需要的产品信息的时候，通过关键词关联弹出企业的网页，用户可以点击进入网站进一步了解该企业的信息。简单来说，搜索引擎优化就是以最小的投入换来在搜索引擎中巨大的访问量，进而创造商业价值。搜索引擎优化主要分为两种：一种是被动地被搜索引擎记录；另一种则是主动地通过一些手段在搜索引擎中获得较为靠前的排名。这也是许多市场营销人员对搜索引擎营销手段运用的基本水平，但从实际的效果来看，仅被搜索引擎收录或者在搜索引擎中排名靠前是远远不够的，用户主动点击的意愿并没有因此而大大提高，也不能保证用户点击之后就能成为企业的客户，相对于投入，性价比就不够高了。因此，这两点只能说是搜索引擎营销要实现的基本目标。搜索引擎营销的特点是使用广泛；用户主动查询；易获取新客户；竞争性强；动态更新，随时调整；投资回报率高。

2. 电子邮件营销及其特点

电子邮件营销是在得到用户许可的情况下，将企业的产品服务、优惠打折信息通过电子邮件的形式传达给用户的营销方式。电子邮件营销由用户许可、电子邮件传递信息、信息具有价值三个因素组成，这三因素缺一不可，否则就不属于有效的电子邮件营销。电子邮件营销是一种营销手段，通过电子邮件实现与客户交流的目的，属于直销的一种。随着电子邮件的推广使用，电子邮件营销得到了新生，已经成为各大网站进行营销的基本手段。电子邮件营销具有以下几个特点。

（1）覆盖范围广

如前文所述，截至2020年6月，我国网民规模达9.4亿人，互联网普及率达61.2%。面对如此庞大的用户群，只要掌握他们的邮件地址，企业的产品和服务就能曝光在几亿人的眼球之下。

（2）操作简单，效率高

只需要一个群发软件，就可以向海量的用户每天发送电子邮件广告，这种操作不需要高深的计算机知识，只需要懂得如何发送电子邮件就可以实施。如果要发送上亿封电子邮件，只需要多加几台计算机，多招聘两个人就可以实现。

（3）成本低廉

发送一封电子邮件几乎无任何成本，因此电子邮件营销是一件成本极其低廉的事情。

（4）应用范围广

只要不违法，广告的内容就不会受到任何限制，因此电子邮件营销适合每一个领域。电子邮件能容纳的信息量大，文件保存期比较长，对企业营销来说是一个良好的选择。

（5）针对性强，反馈率高

每一封电子邮件都会发送到特定的客户的邮箱里，发送者可以根据行业和地域进行分类，也可以根据客户自身的习惯定制电子邮件，然后发送给目标客户，有针对性地宣传企业的产品。这样的宣传能够一步到位，取得非常好的效果。

3.论坛营销及其特点

论坛营销就是在论坛、贴吧这种网络交流平台上，以文字、图片或者视频的方式宣传企业的产品和服务，让目标客户了解企业的产品和服务，进而购买产品，成为品牌拥护者，最终提升企业的品牌形象、提高产品的市场认知度的网络营销行为。

论坛营销的特点有以下几方面。

第一，论坛的人气越高，企业的论坛营销效果越好。论坛是一个开放式的话题讨论平台，几乎所有企业都可以在这个平台上展示企业现阶段的营销诉求，并令其有效传播。

第二，论坛的各种功能，诸如传播策划、帖子撰写、帖子推送、效果监测、最终汇报等流程和置顶帖、大图帖、连环帖、视频帖等功能，能大大提高论坛营销的传播性。

第三，论坛很容易在短时间内聚集起大量的用户。基于论坛的这个特点，在论坛上举办"踩楼""灌水集中地""赛贴图"等活动，能有效调动大量的用户与品牌互动。

第四，论坛客户容易被某种事件打动。精心策划网民感兴趣的活动，可以让品牌、产品和服务植入企业的传播内容，并能在后续的宣传中继续发力，如引发新闻事件，造成连环传播。

第五，论坛营销能借力搜索引擎营销，好的帖子会被搜索引擎收录，在用户搜索的时候也能在比较靠前的位置展示。

4.博客营销及其特点

博客营销是通过博客平台进行营销的行为。公司或者个人可以通过博客这种强交互的平台发布并更新企业的产品服务，密切关注用户对产品服务的疑问，及时回复客户的疑问。如果企业拥有一个粉丝数目较多的平台，就可以利用平台的优势为自身或者他人带来良好的解决方案，而后企业再回到原来的循环。博客营销有以下几个特点。

第一，细分程度高，每个地方都可成为一个传播爆点。博客拥有超越人们认识的细分程度，细分程度越高，广告就越能产生效果。

第二，容易和客户进行互动，能很好地赢得口碑。在企业的广告营销环节中，博客扮演着媒体和受众的双重角色，既是一个传播渠道也是一个受众群体，能有效地将媒体和口碑传播结合起来，实现广告在博客互相交织的庞大网络中自我流动、放大传播效应的目的。虽然单个博客的流量不一定很大，但是当博客的粉丝达到一定的量级之后，所创造的品牌价值和营销效果是远远超乎人们想象的。

第三，影响力大，引导网络舆论潮流。意见领袖对用户群体的影响力很大，博客因此逐渐成为意见领袖引导舆论方向的地方。他们发现或者发明的技术、观念、想法能很快在网络中传播，如果企业利用好这类博客，那么就能对自身的品牌产生巨大的影响。

第四，大大降低传播成本。博客营销中的口碑传播的成本主要花在了教育和刺激一小部分意见领袖群体身上，即利用意见领袖群体在粉丝心中的权威性来撬动大量的用户，因此口碑传播花在营销方面的成本可以非常低，且往往能获得较好的效果。

如果企业在营销过程中能巧妙地利用口碑传播的技巧，就能在花费很少的情况下达到传统广告营销所不能达到的效果，不仅能吸引广告的诉求对象，还会因为营销创新而吸引更多的社会人群和传媒界的高度关注，引发媒体的热议和报道，这种效果甚至比传统广告的高几倍。

5. 播客营销及其特点

博客是以文字和图片的形式将企业的需求在互联网上进行传播，而播客则是以音频甚至制作节目的方式进行营销传播。从这个角度来说，播客是互联网时代的个人电台和电视台。受当前技术的影响，音频成为播客最主要的方式。苹果iTunes软件一经推出，就受到很多人的推崇。

播客出现之后，如何利用播客进行营销也成为人们研究的一个问题。有学者认为，与看报纸相比，听报纸的信息接受阻力更小，接收者不容易产生阅读疲劳，这种特点令音频的魅力远胜文本。

对初创企业来说，成本低廉的营销方式是其主要营销方式，而播客营销就是其中一种，只需要投入一点点资金就可以把公司的产品服务推广到消费者心中，而且还比传统广告高效。

（四）网络营销与创造市场

很多年之前就曾有人预言，社会越往后发展将不会再有"互联网公司""网络企业"这些分类，因为到时候所有的企业都以互联网为载体出现于市场中。2015年3月，第十二届全国人民代表大会第三次会议开幕会在北京人民大会堂举行。国务院总理李克强提出并制定"互联网＋"行动计划。他在政府工作报告中提出，制定"互联网＋"行动计划，推动移动互联网、云计算、大数据、物联网等与现代制造业结合，促进电子商务、工业互联网和互联网金融健康发展，引导互联网企业拓展国际市场，引领其他行业的高速前进。简单地说就是"互联网＋传统行业＝互联网新兴行业"。比如，"互联网＋传统集市"等于淘宝网，"互联网＋传统百货公司"等于京东网，"互联网＋传统银行"等于支付宝。中国网民从20世纪90年代到21世纪的发展是迅速的，20世纪90年代互联网作为一种新兴的沟通工具出现在网民的视野中，21世纪初随着网络的普及，中国的网络用户呈上升趋势。截至2020年，中国的网络已经成为人们生活当中必不可少的基础设施，网民达到近9.4亿的数量，并且仍然保持较高的速度增长，越来越多的人将时间交给了互联网，在互联网上生活、学习和工作。而在市场经济中，与互联网捆绑在一起的市场营销模式已经为中国社会带来了巨大的经济价值，并引起了巨大的社会变革，开始由满足买方市场的需要走向创造买方市场。

网络营销产生于20世纪90年代，并且延续至今，已经深深扎根于国民的生活之中。20世纪90年代的网络媒体，以非常新颖的理念，通过一系列实际的网络营销策划快速地占据消费者的心，形成了市场交易的新型营销模式。随着我国互联网基础设施的不断改善和网络影响的进一步扩大，涌现出了很多优秀的网络营销推广案例和网络营销策划活动。

（五）市场营销道德

当今世界，市场营销可以说是无处不在、无时不在的。各行各业的市场营销人员越来越多，每个公司或企业都有市场营销部门，采取的营销手段五花八门，推广的营销活动令人目不暇接，市场营销的魅力和带来的价值不仅让企业看到了美好的愿景，也让公众和社会对市场营销的影响日益加深。与此同时，市场营销也受到了越来越多的诟病和非议。为了能拥有良好的市场营销秩序，避免信任危机，现代营销活动必须讲求市场营销道德，实施诚信的市场营销方案，树立良好的企业形象，向消费者提供优质的产品和服务，以求实现企业的长期发展。

市场营销道德是指社会上那些用来衡量企业的营销活动是否符合企业、消费者、社会的长期利益，是否触碰市场营销道德的底线，是否能为消费者带来福利和福音的标准。在营销活动中，违背市场营销道德的市场营销行为和市场营销活动，会使企业、消费者、个人和社会的利益受到损害，得不偿失。虽然在一定程度上会使企业短时受益，但不利于企业的长效发展。只有遵守了市场营销道德的营销活动，才能够在利益上保证营销企业、营销人员、消费者和社会利益的实现。

（六）新创企业如何正确进行市场营销

市场营销关系企业的生死存亡，正确的市场营销是企业的生命线。为此，要有效地开展市场营销，企业必须以消费者为核心，从消费者的需求出发，消费者需要什么产品就开发、生产和销售什么产品，以求长期占领市场，获取更大的经济效益。我们要以社会和国家为中心，以社会和消费者的长远利益为着眼点，促进循环经济的协调发展。无论是在产品或服务的前期研发中，或是在市场营销活动中，还是在售后服务环节中，只要我们把顾客是"上帝"的思想作为企业的核心工作主旨，做到一切为了消费者、一切服务于消费者，就能够确保市场营销工作顺利进行。

随着我国创新创业的蓬勃兴起，新创企业不断增加，市场规模不断扩大，企业之间的竞争逐渐加剧，存在于市场营销中的道德问题势必会显现于消费者和社会的大环境中，因此在市场经济中，市场的发起者还得遵守市场营销道德才不失为上策。

二、产品设计创新

（一）构建企业创新运行机制

企业创新运行机制主要包括创新管理的组织机构、运行程序和管理制度。企业要想创新活动在正确的决策下不断自我蜕变从而提高质量，并高效率地被执行，就需要一个良好的创新运行机制。企业创新运行机制的建立需要一个完整的人才机构体系来支撑，为创新活动提供必要的资源和条件，对创新中涉及的多种元素进行合理制衡和组织，充分发挥人才和机制的作用，为企业的创新运行创造有利条件。现在很多企业都面临着组织结构分散、各部门协同性弱等问题，这对企业创新机制的良好运行非常不利。要解决这个问题，就需要深化企业制度改革，建立知识和信息的共享机制，实现企业组织的柔性化和扁平化发展，有效提高企业的整体创新力。

（二）激励创新人才策略

到底怎样才能留住人才，让人才发挥主观能动性并自觉进行创新，是每个管理者都要思考的问题。以下提供一些能激发员工创新热情的建议。

1. 打造明星

企业的创新不能指望从底层发起，而是要从创始人和高层人员开始。因为即使最富有创造力的员工也无法通过自己的力量来验证并推动创新，而是需要有人来领导，于是，就需要打造一个创新明星、创新榜样。高层人员不能只是在口头上说要创新，而是要以自身行动来告诉员工：企业无比重视创新，创新已经是管理层日常生活的一部分，员工也应该这样。

2. 设立目标

创新不是凭空出现的，而是需要目标引领的，员工应该清楚公司的发展目标以及现阶段、下阶段的发展目标，然后才能清楚哪个领域是公司未来要进行创新的目标，否则创新容易跑偏。

3. 设置奖励

大型企业可以奖励创新员工一大笔钱，但是作为一家没有多少资金的初创企业，要这样做就比较困难，但仍然可以通过其他方式来激励员工进行创新，如在公众场合夸奖员工、提供小额奖金、允许带薪休假或者给员工升职。即使员工的创新最后没有为企业带来利润，管理层仍需要让其他员工知道，这位员工为了创新付出了很多努力，企业非常欣赏这种创新精神。

4. 把创新写入员工职位描述中

在每个员工的职位描述中加入对创新的要求，让创新成为从主管到客服等公司所有职位的基本要求。当然，并不是说每一位员工都要进行能产生巨大利润的建设性创新，但他们只要能时刻反思自己的工作，每天进步一点，对公司的运转提出自己的见解，都是值得鼓励的。

5. 定期开展兴趣日活动

谷歌公司著名的"百分之二十"活动就是一个例子。谷歌公司每周允许员工花一天的时间研究工作之外的活动，这天就是公司每周举办的兴趣日活动。在这天，员工可以没有任何负担地探索自己想探索的事情，在自由自在中产生一个又一个的创意。

6. 尊重员工提出的创意

没有比忽视、不认真考虑或者直言员工的创意不够更能毁灭员工的创新热情了。这和朋友间和谐相处的原理一样，不尊重对方就会伤害彼此的感情。这就需要设计一个收集员工创意的机制。管理者应认真听取员工的创意，并尊重这个创意，以确保创新点子不会无故消失。

7. 执行创意

很多创意在最后阶段并没有得到执行，只是这个过程喊得轰轰烈烈。如果员工的创意得不到执行，那么员工会觉得公司不重视其创意。若企业没有创新文化，则员工创新的热情就会受挫，企业管理者接下来就会发现员工的创意源泉在逐渐干涸。在遇到好创意的时候，管理者不要放过执行的机会，组建一个小团队让其对创意进行考证和修正，并进行实验，而后看其是否能够投入市场。

第四节 创业融资

融资对于创业企业的生存与发展至关重要。融资的具体过程、融资渠道、企业的合理估值以及融资行为本身所带来的风险等，都是创业企业在融资前要做好的功课。

一、融资途径

融资途径分为两大类：债务融资和股权融资。债务融资是传统的融资途径，主要就是借贷，包含银行贷款、民间借贷、发行企业债券、典当、拆借、融资租赁等途径，此类融资需要还本付息。股权融资主要指上市、增资扩股、员工持股、私募股权等方式，不需要还本付息，只需要在企业营利的情况下分红即可，但需部分让渡企业的管理权。

二、融资决策

公司的融资决策是指公司为实现其经营目标，在预测资金需要量的基础上，通过对各种融资方式、融资条件、融资成本和融资风险进行比较，合理选择融资方式以及确定各种融资量及融资结构的过程。

三、融资决策原则

（一）适用性原则

适用性原则是指公司融资决策应根据所需资金的种类和数量来决定融资的方式和数量。公司经营活动对资金的需求具有多样性，从资金的性质看，既有对债务的需求，也有对股本的需求；就资金的期限而言，既有对短期资金的需求，也有对长期资金的需求。公司融资决策要根据公司经营活动的具体情况选择相应的融资方式，确定相应的融资量。

（二）安全性原则

安全性原则是公司经营必须要遵循的一个基本原则，它是指公司融资决策应根据自身的负债能力来决定融资的方式和数量。由于不同融资方式下的融资风险的高低不同，公司做出融资决策前必须分析各种融资方式下的融资风险，合理选择融资方式并确定各种融资方式下的融资量，确定一个与公司风险承受能力相适应的融资结构。

（三）收益性原则

收益性原则是指公司融资决策在融资方式和数量的确定上应以尽可能低的融资成本获取所需资金。公司是以营利为目的的经济组织，公司经营活动必须注重成本核算，遵循收益性原则。不同融资方式下的融资成本是不同的，因此，公司在融资决策时应分析各种融资方式下的融资成本，合理选择融资方式并确定融资量，找到一个使公司融资成本尽可能低的融资结构。

（四）可得性原则

可得性原则是指公司应根据融资方式的难易程度来选择和确定融资的方式和数量。在外部环境既定的情况下，不同类型的公司和不同的经营状况以及融资方式的不同条件要求，决定了资金的可得性是不同的。例如，股份有限公司可以发行股票融资，而有限责任公司则不能发行股票融资；大公司由于盈利水平高、担保能力强、信誉高，因而较之小公司的资金可得性强。

四、如何融资

（一）确定资金用途

提出融资决策、确定资金投向，是合理筹集资金的先决条件。通过市场调查，公司可以了解自身的生产经营活动是否为市场所需要，并据此确定公司的发展方向、新产品的研制方案、价格与成本水平，最后确定资金投向，编制投资方案，提出融资决策。公司资金投向通常有以下两种情况。

一是公司日常经营投资，表现为投入、产出、再投入、再产出的往复过程。在这种情况下，公司对资金的需求主要表现为短期实物资产投资。

二是公司项目投资，包括新建项目投资、扩建项目投资和更新改造项目投资。在这种情况下，公司对资金的需求包括长期实物资产投资对资金的需求。

（二）预测资金需求量

预测资金需求量，就是根据资金需求的不同情况，运用各种方法对资金需要量做出估计和测算，包括定性测算法、个人经验法、专家会议法、特尔菲法和定量测算法（销售百分比法）。

（三）制订融资方案

制订融资方案是融资决策中的关键，是指为了筹集到所需资金，确定各种融资方式下的融资量，制订出多种可能的融资方式。

（四）选择最优融资方案

选择最优融资方案是指在已制订出的多个融资方案中，分析其融资结构、融资成本等因素，选择具有最优资本结构的融资方案。

（五）组织实施融资方案

所谓实施融资方案，是指根据最优融资方案所选择的融资方式和确定的融资量，按照各种融资方式的融资程序筹集所需资金的过程。

（六）反馈调整融资方案

在最优融资方案的实施过程中，如果发生融资活动受阻或者融资量达不到预定目标的情况，应及时调整融资方案，按调整后的融资方案筹集所需资金。

五、企业融资过程中的风险

任何一种融资途径都会有其不足之处，所有的融资都需要一定的资金成本和复杂劳动才能获得，而且风险的存在也是不可避免的。不管创业者有多优秀，在进行融资洽谈时都处于弱势。另外，创业者对融资中可能会遇到的成本预算和风险控制有比较系统的了解也是非常重要的，这样才能有效地提高融资活动的成功率，进而推动创业企业的全面发展和壮大。

（一）企业融资规模和时机不当引发的融资风险

创业企业的实际情况是制订融资战略和确定融资规模的主要依据，融资规模的适当性能够促进企业稳定发展，从而避免产生较多的不确定性，给企业的可持续发展埋下隐患。

1. 融资规模小可能造成的风险

和成熟公司相比，创业企业的财务状况具有一定的特殊性。成熟企业不管规模大小，都拥有稳定的客源和销售收入，而创业企业则不具备这一优势。企业创业的初期需要投入大量的成本资金，越是成长迅速，资金消耗也会越大，因此企业创业的初期需要充足的资金保障，这样才能让创业企业安稳度过初期阶段，并且迅速地发展和壮大起来。

创业者还可能面临的一个问题就是虽然能够募集到所需要的资金，但是有可能会以出让企业控制权为交换条件，导致创业者失去创业企业的控制权。

所以一般来说，创业者都会选择融资规模小且不会牺牲控制权的方式来进行融资，往往这也使其获得的融资金额非常有限。

2. 融资规模过大可能造成的风险

融资规模一定要适当才是最合适的。若融资金额远远高于所需资金投入，则有可能造成创业企业放松财务预算，造成资金的浪费和流失等，给企业的发展带来毁灭性的伤害。若创业企业在初期主要依靠自有资金，则很多财务问题也会随着发展的推进而逐步凸显出来，需要企业不断想办法解决。

3. 融资时机过晚带来的风险

创业企业要把握好融资时机，既不能过早，也不能过晚，适时的融资能够帮助企业解决资金难题。但如果没有掌握好时机，无论过早还是过晚，都会导致增加成本或放弃控制权等后果，这给企业的发展带来不利影响。

（二）企业商业秘密可能被公开的风险

信息披露是极容易被忽视的"成本"，有利于吸引投资者的关注。投资者需要进行多方面的了解才能将资金投入企业，因此需要对被投资企业进行很多跟进工作，信息披露是其中的重要环节。企业在筹资时，可能需要5种、10种乃至50种公司情况介绍方案，主要内容涉及管理层的能力构成、股权结构、如何营利、公司的竞争优势、公司的市场地位以及技术情况等。公司和创业者个人的财务状况也是投资者所关注的重点内容。

以上要求需要创业者将个人和公司的财务报表、公司营销计划、市场竞争战略、公司所有权、报酬安排以及公司的优劣势都予以披露和通报，但这会使创业者的商业秘密在融资过程中存在被公开的风险。

六、创业融资对策

创业是一项开拓性的事业，需要来自各方面的支持。造成创业难的一个重要原因就是缺乏启动资金，以致创业难以启动或难以持续。解决融资难题，需要国家、学校、家庭、社会和大学生自身的共同努力。

（一）政府应在政策上给予更多扶持

政府应鼓励更多的大学生自主创业，使他们从社会现有岗位的竞争者变成新岗位的开拓者，这样不仅可减轻社会的就业压力，而且能为社会带来更多的就业机会，对我国经济发展和社会稳定影响深远。因此，国家应在现有的（诸如放宽大学生创业市场准入条件、减免个体经营收费、提供小额担保贷款、举办创业培训活动等）一系列优惠政策之外，在资金上给予大学生创业者更多支持。可设立"大学生创业基金"，给经济困难的创业者提供启动资金，并在制度上完善大学生创业基金设立体系，由国家为主要出资人成立类似风险投资公司的机构，并吸纳社会捐资，贷款给大学生创业项目、入股大学生创业企业或者为大学生创业提供融资服务等。同时还应建立、健全大学生信用评价体系和失信惩处机制，科学合理地对大学生申请项目进行评价和资金审批。

（二）学校应提供全方位的服务

学生自主创业不仅可以提升学校的整体就业率，而且有助于在整个学校营造一种创业氛围，吸引更多的学生加入创业行列中，从而带动学校教学改革的不断深化。为了实现这些价值，大学生所在学校应成为大学生自主创业的推手，提供全方位的服务，特别是在资金上给予直接或间接的支持。

首先，学校可以从有限的资金中抽出一部分成立专门基金用于大学生创业，给予创业者直接的资金帮助；其次，学校还可以利用校舍资源，兴办大学生创业园，为创业者提供场地和办公设施，减少创业者的场地租金投入，从而降低启动资金的数额；最后，学校还可利用知识和技术方面的资源，对学生开展有针对性的创业培训，从创业理论学习、创业咨询、创业跟踪等方面提供服务，以提高创业成功率，使创业者更容易获得创业基金、商业贷款和风险投资。

（三）企业界应积极做好参谋与顾问

企业界要从战略高度看待大学生创业中所蕴藏的创新活力和无限商机，给予大学生创业者必要的资金帮助和创业指导。商业银行应适当降低融资门槛，对有周密计划书的创业者应取消财产抵押条件，增加小额贷款的额度。企业和个人可以捐款给国家、地方或高校创立的创业基金，以汇聚大家之力帮助创业者解决资金问题。

企业家和创业的成功人士，可以把自己的创业经验传授给初创者，成为大学生的创业导师和咨询顾问，对他们进行创业指导和投资指引，使他们少走弯路并树立创业信心；对其中有发展前途的大学生创业者给予直接的资金投入，以此为示范带动大学生的自主创业热潮。

（四）大学生应充分做好创业前的准备工作

除了社会各界的大力支持外，大学生自己也应积极主动地去筹集资金。首先，大学生应该尽可能熟悉自己所处的创业环境，研究国家、各级政府和社会对大学生个人创业融资的相关政策和法律法规，尽可能用好、用活各类优惠政策。其次，充分做好创业前的准备工作，在扎实的市场调研基础上列出具体的创业计划书和资金使用计划，减少创业的盲目性，使有限的资金发挥最大、最有效的作用。最后，大学生在选择创业项目时应根据自己的特长量力而行，初期可以先从资金需求量小的项目做起，逐渐积累资金和经验，然后发展壮大，提高创业成功率。

参考文献

[1] 李健睿，李琪. 大学生创新创业支持平台建设[J]. 企业经济，2020，39（9）：95-101.

[2] 孙文琦，蒙长玉，王文剑. 应用型高校大学生创新创业能力培养课程体系研究[J]. 现代教育管理，2020（7）：75-81.

[3] 武一婷. 赛训体系与大学生创新创业能力的培养：以广东的实践探索为例[J]. 中国青年社会科学，2020，39（1）：128-133.

[4] 段焱. 高校思政教育促进大学生创新创业教育的路径探析[J]. 理论导刊，2019（12）：116-121.

[5] 刘译阳，边恕. 高校创新创业教育存在的问题、原因及对策[J]. 现代教育管理，2019（9）：32-37.

[6] 杜天宝，于纯浩，温卓. 大学生创新创业政策扶持体系优化研究[J]. 经济纵横，2019（9）：88-94.

[7] 尹国俊，都红雯，朱玉红. 基于师生共创的创新创业教育双螺旋模式构建：以浙江大学为例[J]. 高等教育研究，2019，40（8）：77-87.

[8] 李旭辉，孙燕. 高校大学生创新创业能力关键影响因素识别及提升策略研究[J]. 教育发展研究，2019，39（Z1）：109-117.

[9] 伊剑. 大数据视域下大学生创新创业教育质量的提升[J]. 现代教育技术，2019，29（5）：106-111.

[10] 谭玉，李明雪，吴晓旺. 大学生创新创业政策的变迁和支持研究：基于59篇大学生创新创业政策文本的分析[J]. 现代教育技术，2019，29（5）：112-118.

[11] 陈家全. 我国大学生创新创业发展影响因素分析[J]. 技术经济与管理研究，2018（8）：33-37.

[12] 陈诗慧，张连绪.大学生创新创业教育的国际模式、经验及借鉴：基于美国、德国、日本等三国的比较[J].继续教育研究，2018（1）：115-120.

[13] 齐书宇，方瑶瑶.工科大学生创新创业能力评价指标体系构建与设计[J].科技管理研究，2017，37（24）：68-74.

[14] 陈玲，徐晓艳，林杭.工科大学生创新创业教育综合实践平台建设与实践[J].实验室研究与探索，2017，36（12）：180-184.

[15] 宋妍，王占仁.论当代大学生创新创业价值观的引领[J].国家教育行政学院学报，2017（11）：52-57.

[16] 黄幼川.对大学生创新创业教育改革和建设的思考[J].实验室研究与探索，2017，36（3）：226-230.

[17] 张秀娥，马天女.国外促进大学生创新创业的做法及启示[J].经济纵横，2016（10）：98-101.

[18] 赵军，杨克岩."互联网+"环境下创新创业信息平台构建研究：以大学生创新创业教育为例[J].情报科学，2016，34（5）：59-63.

[19] 郝杰，吴爱华，侯永峰.美国创新创业教育体系的建设与启示[J].高等工程教育研究，2016（2）：7-12.

[20] 薛成龙，卢彩晨，李端淼."十二五"期间高校创新创业教育的回顾与思考：基于《高等教育第三方评估报告》的分析[J].中国高教研究，2016（2）：20-28.

[21] 李霞，戴胜利，肖泽磊.基于"政策－规范－认知"模型的大学生创新创业制度研究[J].教育发展研究，2016，36（3）：72-78.

[22] 吴远征，李璐璐，董玉婷.大学生创新创业的综述：研究、政策与发展[J].中国林业教育，2015，33（6）：1-7.

[23] 蒋开东，朱剑琼.大学生创业导向的高校协同机制研究[J].中国高教研究，2015（1）：54-58.

[24] 钱小明，荣华伟，钱静珠.基于导师制下"大学生创新创业训练计划"教育的实践与思考[J].实验技术与管理，2014，31（7）：21-24.

[25] 宋妍.高校创新创业教育与思想政治教育关系研究[D].长春：东北师范大学，2017.

[26] 张学亮."双创"视阈下大学生就业教育研究[D].重庆：西南大学，2017.

[27] 陈昊.在线教育背景下大学生创新创业教育有效性研究[D].重庆：重庆交通大学，2014.

［28］曹扬.转变经济发展方式背景下高校创新创业教育问题研究 [D].长春：东北师范大学，2014.

［29］黄慧子.大学生创新创业激励机制研究 [D].合肥：安徽大学，2014.